1907 — Novembre — 27

VENTE ✦ ✦ ✦ ✦ ✦ ✦

des 27 et 28 Novembre 1907

Hôtel Drouot, Salle n° 10 ✦ ✦

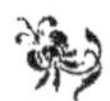

Bibliothèque de M. Ch. DÈCLE

Livres à Figures du XVIIIe Siècle

Œuvres de Restif de la Bretonne

Livres Curieux et Rares

Me Maurice DELESTRE, Commissaire-Priseur

M. A. DUREL, Libraire-Expert ✦ ✦ ✦ ✦ ✦

CATALOGUE

DE LA

BIBLIOTHÈQUE

DE

FEU M^r CH. DÈCLE

LA VENTE AURA LIEU

Les Mercredi 27 et Jeudi 28 Novembre 1907

A deux heures précises de l'après-midi

HOTEL DES COMMISSAIRES-PRISEURS, 9, RUE DROUOT

Salle n° 10, au premier étage

Par le Ministère

de Mᵉ Maurice DELESTRE ✳, Commissaire-Priseur

5, rue Saint-Georges, 5 (IXᵉ)

Assisté de M. A. DUREL, O. I. ◐ Libraire-Expert

21, Rue de l'Ancienne-Comédie, 9-11, Passage du Commerce (VIᵉ)

☞ *Voir l'ordre de la Vacation au verso du titre.*

CONDITIONS DE LA VENTE

La vente se fera au comptant.

Les acquéreurs paieront **10 p. 100** en sus des adjudications.

Les livres devront être collationnés dans les vingt-quatre heures de l'adjudication. Passé ce délai, ils ne seront repris pour aucune cause.

M. A. DUREL, chargé de la vente, remplira aux conditions d'usage, les commissions des personnes qui ne pourraient y assister.

M. A. DUREL se réserve la faculté, dans l'intérêt de la vente, de réunir ou de diviser les numéros du Catalogue.

CATALOGUE

DE

BONS LIVRES

ANCIENS & MODERNES

LIVRES A FIGURES DU XVIIIᵉ SIÈCLE

Œuvres de Restif de La Bretonne

OUVRAGES ORNÉS DE NOMBREUSES SUITES DE VIGNETTES

Ouvrages divers — Facéties — Réimpressions de Gay

Romans, Contes et Nouvelles

PROVENANT DE LA

BIBLIOTHÈQUE DE FEU M. CHARLES DÈCLE

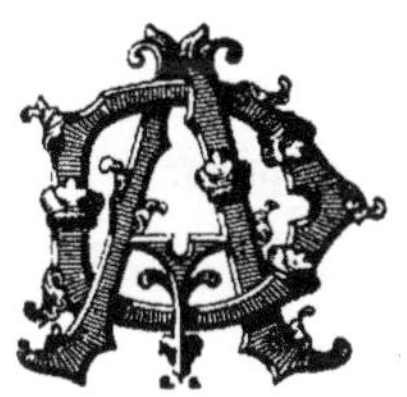

PARIS

A. DUREL, LIBRAIRE

21, RUE DE L'ANCIENNE-COMÉDIE, 21

9 ET 11, PASSAGE DU COMMERCE, (VIᵉ ARR.)

1907

ORDRE DES VACATIONS

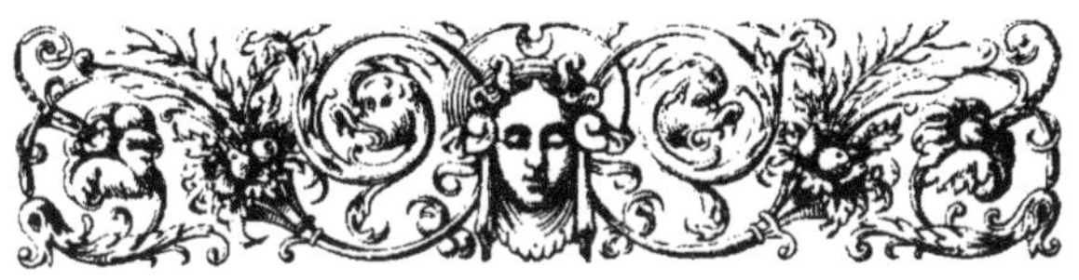

CATALOGUE

DE LA

BIBLIOTHÈQUE

DE

FEU Mr CH. DÈCLE

OUVRAGES A FIGURES

DU

XVIIIe SIÈCLE

---

1. **Abrégé de l'Histoire universelle en figures,** ou Recueil d'estampes représentant les sujets les plus frappants de l'histoire, tant sacrée que profane, ancienne et moderne, avec les explications historiques qui s'y rapportent... dessinées par M. Marillier et gravées par le Sr. Duflos le jeune. *A Paris, chez Duflos le jeune.* 1785, gr. in-8, fig., demirel. dos et coins de mar. La Vallière foncé, dos orné, tr. dor.

> Recueil de **1** titre gravé et de **84** figures par Marillier et Monnet, et de 250 pages de texte.

2. **Ancien et Nouveau Testament.** Suite de 1 frontispice et 26 planches gravées de 8 sujets à la planche. *S. l. n. d,* (*vers* 1750), en 1 vol. in-4, demi-rel. mar. rouge, dos orné.

3. **ARIOSTE.** Orlando furioso di Lodovico Ariosto. *Birmingham, da' Torchj di G. Baskerville : Per P. Molini.*

1773, 4 vol. gr. in-8, réglés, mar. rouge à long grain, dos ornés aux petits fers, fil. et dent. sur les plats, doublés de tabis bleu, dent. int., gardes de tabis, tr. dor. (*Rel. anc.*).

> Très belle édition, ornée de **1** portrait d'Eisen, gravé par Ficquet, et de **46** figures par Cipriani, Cochin, Eisen, Greuze, Monnet et Moreau, gravées par Bartolozzi, Choffard, Duclos, de Ghendt, Helman, Henriquez, de Launay, de Longueil, Martini, Massard, Moreau, Ponce, Prévost, et Simonet.
>
> Les figures des Chants XIII, XVII, XXII, XXVI, **XXX**, XXXI, XXXIX, XLI, XLII, XLIV, sont **avant la lettre**.
>
> La figure du Chant XLVI est en double état, avant et avec la lettre; l'épreuve avant la lettre porte cette note manuscrite : « Epreuve retouchée par M. Cochin ».
>
> Exemplaire auquel on a ajouté la suite de **1** portrait et **46** figures dessinée par Cochin et Moreau, gravée par de Launay, Lingée et Ponce; épreuves avant la lettre, avec les cadres.
>
> On lit, sur la garde du tome 1er :
>
> « Collationné. Complet, le 15 juillet 1825.
>
> J. J. de Bure l'aîné. »

4. **Batailles d'Alexandre-le-Grand, roi de Macédoine,** depuis l'an du monde 3668, jusqu'à l'an 3677 et avant J.-C. 327; peintes en cinq tableaux, par C. Le Brun; précédées d'une perspective de la Galerie des Gobelins, et suivies de l'estampe de la Multiplication des pains dans le désert, chef-d'œuvre de l'artiste; le tout représenté en VII planches, dessinées et gravées par Sébastien Le Clerc, chevalier romain, dessinateur et graveur du cabinet du Roi. Avec des explications, tirées des meilleurs auteurs. *A Paris, chez Lamy*, 1784, in-4, demi-rel. mar. rouge, dos orné, tr. dor.

> 7 grandes planches hors texte.

5. **Bernard.** L'Art d'aimer et poésies diverses. *S. l. n. d.* — Phrosine et Mélidore, poème en quatre chants. *A Messine, et se trouve à Paris, chez Lejay*, 1772. Ens. 2 ouvrages en 1 vol. in-8, fig., demi-rel. dos et coins de mar. rouge, dos orné à petits fers et mosaïqué, tête dor., tr. blanches (*Petit-Simier*).

> **1** frontispice et **7** figures par Eisen et Martini.
>
> On a ajouté : **4** figures de Prudhon, gravées au trait dont 3 pour l'*Art*

6. **BERNARD**. Œuvres de P.-J. Bernard, ornées de gravures, d'après les desseins (*sic*) de Prud'hon ; la dernière estampe gravée par lui-même. *A Paris, de l'imprimerie de P. Didot l'aîné*, 1797 ; *an V*. in-4, mar. rouge, compart. de fil. et ornements dor. sur le dos, compart. de fil. et fleuron aux angles des plats. large dent. int., tr. dor. (*Smeers*).

4 figures par Prud'hon, gravées par Prud'hon, Beisson et Copia.
Bel exemplaire sur **papier vélin**.

7. **BIBLE**. La Sainte Bible, contenant l'Ancien et le Nouveau Testament, traduite en françois sur la Vulgate, par M. Le Maistre de Saci. Nouvelle édition, ornée de 3oo figures gravées d'après les dessins de M. Marillier. *Paris, Defer de Maisonneuve, de l'imprimerie de Monsieur* 1789-an XII (1804), 12 vol. in-8, demi-rel. dos et coins de mar. La Vallière foncé, tête dor., non rog. (*A. Bertrand*).

300 figures par Marillier et Monsiau, gravées par Dambrun, de Launay jeune, Delignon, Delvaux, Dupréel, de Ghendt, Giraud jeune, Halbou. Hubert, Lebeau, Patas. Petit, Ponce, Trière, Varin et Viguet.
Manquent 2 figures.

8. **Bion et Moschus**. Idylles de Bion et Moschus, traduites en français par J.-B. Gail. Ouvrage orné de figures dessinées par Le Barbier. *De l'impr. de Didot jeune. A Paris, chez Gail, l'an troisième* (1795), in-18, dos orné, dent. sur les plats, tr. vertes (*Rel. anc.*).

1 portrait et **3** figures (sur 4) par Le Barbier, gravés par Dambrun, Delignon et Gaucher, épreuves en 2 états (**avant la lettre** et **eau-forte**).

9. **Bitaubé**. Joseph. Sixième édition, revue et corrigée. *Paris, Didot l'aîné*, an V. 1797, 2 vol. in-18, fig.. veau racine, dos ornés, fil. et dent. sur les plats, tr. dor. (*Rel. de l'époque*).

9 figures par Marillier, gravées par Née.

10. **Blin de Sainmore.** Lettre de Biblis à Caunus son frère, précédée d'une lettre à l'auteur. Troisième édition. *Paris, Séb. Jorry.* 1767. — Lettre de Gabriel d'Estrées à Henri IV, précédée d'une Epitre à M. de Voltaire et de sa réponse. Troisième édition. *Paris, Séb. Jorry,* 1767. — Lettre de Sapho à Phaon, précédée d'une Epitre à Rosine, d'une vie de Sapho, et suivie d'une traduction en vers de ses ouvrages. Troisième édition. *Paris, Séb. Jorry,* 1768. — Lettre de Jean Calas à sa femme et à ses enfants, précédée d'une Epitre à Madame de*** sur le sentiment. Troisième édition. *Paris, Séb. Jorry,* 1768. — Ens. 1 vol. in-8, fig., demi-rel. dos et coins de mar. vert, dos orné, tr. dor.

Exemplaire en **grand papier.**

4 figures, 4 vignettes et 4 culs-de-lampe, par Eisen, Choffard et Gravelot.

11. **BOCCACE.** Le Décaméron de Jean Boccace (traduit par Le Maçon). *Londres (Paris),* 1757-1761, 5 vol. in-8, fig., mar. bleu, dos ornés à petits fers, comp. de fil. droits et courbés, sur les plats avec ornem. à petits fers aux angles, dent. int., tr. dor. (*R. Petit*).

5 frontispices, **1** portrait, **110** figures et **97** culs-de-lampe par Gravelot, Boucher, Cochin et Eisen, gravés par Aliamet, Baquoy, Flipart, Legrand, Lemire, Lempereur, Leveau, Moitte, Ouvrier, Pasquier, Pitre-Martenasie, Saint-Aubin, Sornique et Tardieu.

Bel exemplaire avec les figures en premières épreuves.

12. **Boileau.** Œuvres de Nicolas Boileau-Despréaux, avec des éclaircissemens historiques, donnez par lui-même. Nouvelle édition revuë, corrigée et augmentée de diverses remarques. Enrichie de figures gravées par Bernard Picart le Romain. *A Amsterdam, chez François Changuion,* 1729, 2 vol. in-fol., texte encadré, demi-rel. dos et coins de mar. vert, dos ornés, tr. dor. (*L. Smeers*).

1 frontispice, **1** fleuron sur le titre répété au tome II, **6** figures avec un frontispice pour le *Lutrin*, vignette et culs-de-lampe, le tout par Bernard Picart.

Manque le portrait de la princesse de Galles,

Exemplaire auquel on a ajouté :

1° La suite des 8 figures in-4, par Lemesle, pour le *Lutrin* ;

2° Une suite de 1 portrait par J.-J. Forty, gravé par Voysard, et 8 figures par Monsiau, gravées par Voysard, Simonet, Thomas, Patas et Trière, pour l'édition de 1798.

13. **Bretin** (L'Abbé). Contes en vers et quelques pièces fugitives (par l'abbé Claude Bretin). *A Paris, chez Gueffier jeune*, an VII, in-12, demi-rel. dos et coins de mar. bleu, tête dor., non rog.

1 frontispice en couleur, et **5** jolies figures dessinées et gravées par Legrand.

14. **CABINET DES FÉES**. Recueil des 120 figures de Marillier, montées sur onglets et réunies en 1 vol. in-8, demi-rel. dos et coins de mar. rouge, tête dor., non rog.

120 figures par Marillier, gravées par Berthet, Biosse, Borgnet, Choffard, Croutelle, Dambrun, Delignon, Delvaux, Duponchel, Fessard, Gaucher, de Ghendt, Godefroy, Goumaz, Halbou, Jonxis, Langlois, Langlois jeune, Lebeau, Legrand, Leroy, Leveau, Le Villain, de Longueil, Malapeau, Mme Demonchy, Patas, Mlle Retor, Texier, Thomas et de Valnet.

15. **CANTIQUES ET POTS-POURRIS**. *Londres (Paris, Cazin)*, 1789, 6 parties en 2 vol. in-18, fig., veau porphyre, dos ornés, fil., tr. dor. (*Rel. anc.*).

1 frontispice curieux et **6** très jolies gravures par Borel, gravés par Elluin, non signés.

Ce recueil se compose des pièces suivantes : *la Chasteté de Suzanne — Agnès Sorel — David et Bethzabée — la Chasteté de Joseph — la Pucelle d'Orléans — Judith et Holopherne.*

Exemplaire de premier tirage.

16. **Cazotte**. Ollivier, poème (en prose). *Paris, Pierre Didot l'aîné*, an VI. 1798, 2 tomes en 1 vol. in-18, fig., mar. rouge, dos et milieux ornés et mosaïqués, dent. int., tr. dor. (*Petit-Simier*).

12 charmantes figures par Lefèvre, gravées par Godefroy.

17. **Cervantès** (Miguel de). Les Principales Aventures de l'admirable Don Quichotte, représentées en figures par Coypel, Picart le Romain et autres habiles maîtres avec les explications des **XXXI** planches de cette magnifique collection, tirées de l'original espagnol de Miguel de Cervantès. *A Liège, chez J.-F. Bassompierre*, 1776, pet. in-folio, texte encadré, demi-rel. dos et coins de mar. brun, tr. dor.

> **1** fleuron sur le titre et une vignette par J.-V. Schley, en tête de la dédicace, et **31** figures par Boucher, Cochin, Coypel, Lebas, Picart et Tresmolières, gravées par Fokke, Picart, V. Schley et Tanjé.
> Exemplaire tiré in-folio, auquel on a ajouté la suite in-4 des mêmes figures, édition de 1746, avec le titre (épreuves avant les numéros).

18. **Crébillon**. Œuvres. *Paris, A.-A. Renouard*, 1818, 2 vol. in-8, fig., demi-rel. dos et coins de mar. vert, dos ornés, tête dor., tr. blanches.

> **1** portrait par Saint-Aubin et **9** figures par Moreau, gravées par Boscq, Delvaux, Ribault et Simonet. — Portrait ajouté.

19. **Crébillon fils**. Le Sopha, conte moral. Nouvelle édition. *A Pékin, chez l'imprimeur de l'Empereur (Paris)*, 1770, 2 tomes en 1 vol. in-12, fig., mar. vert, dos orné et mosaïqué, milieux dorés et mosaïqués, dent. int., tr. dor. (*Petit-Simier*).

> **1** frontispice et **4** figures gravés par Laurent.

20. **David**. Histoire d'Angleterre, représentée par figures gravées par F.-A. David, accompagnées de discours (par Le Tourneur et autres). *A Paris, chez M. David*, 1784-1800, 3 vol. in-4, demi-rel. dos et coins de mar. vert, tr. dor. (*Adolphe Bertrand*).

> **3** titres gravés, et **111** figures par Binet, Gois, Lejeune, Monnet, Mortimer, et d'après Van Dyck, gravées par David.
> Manque les titres imprimés des tomes I et II.
> Cohen ne cite que les 2 premiers volumes.

21. **David**. Histoire de Russie, représentée par figures accompagnées d'un précis historique ; les figures gravées par F.-

A. David, d'après les dessins de Monnet, le Discours par Blin de Sainmore. *Paris, Leblanc,* 1813, 3 tomes en 1 vol. pet. in-4. fig., demi-rel. dos et coins de mar. rouge, tr. dor. (*A. Bertrand*).

> Ouvrage orné de **48** planches hors texte.
> Exemplaire avec les figures **avant la lettre** (sauf 2).

22. **Délassements du boudoir.** Recueil de poésies galantes dont la plupart n'ont point encore été imprimées. Avec un frontispice en taille-douce. *S. l..* 1790, in-18, mar. rouge, dos orné, large dent. à petits fers, milieux dor. représentant une levrette, dent. int., tr. dor.

> **1** figure non signée, dans le genre de Chaillou (Le Boudoir).

23. **Deshoulières** (Mme). Œuvres choisies de Mme Deshoulières, ornées de figures, gravées par les soins des citoyens Ponce et Regnault. *A Paris, de l'imprimerie de P. Didot l'aîné,* an III, 1795, in-18, demi-rel. dos et coins de mar. bleu, tête dor., non rog.

> **1** portrait par Rochard et **3** figures de Marillier, gravées par Ponce et Regnault.
> Exemplaire auquel on a ajouté **4** figures par Catel, gravées par Bouquet.

24 **Diderot.** Œuvres philosophiques de M^r D*** (Diderot). Les Bijoux indiscrets. *A Amsterdam, chez Marc-Michel Rey,* 1772, in-8, demi-rel. dos et coins de mar. rouge, tr. dor. (*Ad. Bertrand*).

> **1** frontispice et **6** jolies figures non signées.

25. **DIONIS DU SÉJOUR** (Mlle). L'Origine des Grâces (par Mlle Dionis du Séjour). *A Paris,* 1777, in-8, mar. rouge, dos orné aux petits fers, 3 fil. dor. sur les plats, large dent. int., tr. dor. (*Allô*).

> **6** charmantes figures par Cochin, gravées par J. Aliamet, N. de Launay L.-J. Masquelier, D. Née, Aug. de Saint-Aubin et J.-B. Simonet.
> Une des illustrations les plus réussies de Cochin, et de plus remarquablement gravées.

26. **Dorat**. Lettre de Barnevelt dans sa prison, à Truman son ami, précédée d'une lettre de l'auteur. *Paris, Séb. Jorry*, 1763. — Lettre de Zéïla, jeune sauvage, esclave à Constantinople, à Valcour, officier françois, précédée d'une lettre à Madame de C**. *Paris, Séb. Jorry*, 1764. — Réponse de Valcour à Zéïla, précédée d'une lettre de l'auteur à une femme qu'il ne connaît pas. *Paris, Séb. Jorry*, 1766. — Lettre de Valcour à son père, pour servir de suite et de fin au roman de Zéïla. *Paris, Séb. Jorry*, 1767. — Lettre du Comte de Comminges à sa mère, suivie d'une lettre de Philomène à Progné. *Paris, Séb. Jorry*, 1764. — Lettre d'Alcibiade à Glicère, bouquetière d'Athènes, suivie d'une lettre de Vénus à Pâris, et d'une Épitre à la maîtresse que j'aurai (par le marquis de Pezay). *A Genève, et à Paris, chez Séb. Jorry*, 1764. Ens. 6 ouv. en 1 vol. in-8, fig., veau marb., dos orné, tr. rouges (*Rel. anc.*).

Exemplaires en **grand papier**.
7 figures, **9** vignettes, et 8 culs-de-lampe, par Eisen.

27. **Dorat**. Lettres en vers, et Œuvres mêlées de M. Dorat, recueillies par lui-même. *Paris, Delalain*, 1792, 2 tomes en 1 vol. in-8, fig., demi-rel. dos et coins de mar. rouge, dos orné et mosaïqué, tr. dor. (*Smeers*).

1 frontispice, 11 figures, 13 vignettes, et 10 culs-de-lampe par Eisen, gravés par de Longueil et Le Mire.

28. **Dulaurens**. Le Compère Mathieu, ou les Bigarrures de l'esprit humain. (*Paris*), *Imprimerie de Patris*, 1796, 3 vol. in-8, fig., mar. vert à long grain, ornem. de fil., 3 sur les dos et 7 sur les plats, dent. int., tr. dor.

Exemplaire contenant :
1° 9 figures. La première seule est signée D. 1795, épreuves avant la lettre.
2° 12 figures gravées par Frussotte, 1792, épreuves avant la lettre.
3° 11 figures de la même suite, par un autre graveur, épreuves avant la lettre.
Ensemble 32 pièces.

29. **Esope**. Les Fables d'Esope, gravées par Sadeler, avec un discours préliminaire et les sens moraux en distiques. Edition toute différente de la première. *A Paris, chez Thiboust*, 1743, in-4, front. et fig. gr., demi-rel. mar. rouge, dos orné, tr. dor. (*Smeers*).

> **140** figures gravées y compris le frontispice.

30. **Esope en belle humeur**, ou dernière traduction et augmentation de ses fables, en prose et en vers (par Jean Chrisostome Bruslé de Montpleinchamp). Nouvelle édition, divisée en deux tomes, augmentée de quelques fables, et enrichie de nouvelles figures. *A Brusselle* (sic) *chez François Foppens*, 1700, 2 tomes en 1 vol. pet. in-8, front. et fig., mar. vert, dos orné et mosaïqué, mil. dor. et mosaïqués, dent, int., tr. dor. (*Petit-Simier*).

> Édition recherchée à cause des vignettes d'Harrewyn.

31. **Fénelon**. Les Aventures de Télémaque. (*Paris*). *De l'imprimerie de Monsieur*, 1785, 2 vol. gr. in-4, papier vélin, mar. grenat, dos ornés aux petits fers, fil. à la Du Seuil, dent. int., tr. dor.

> **1** titre frontispice, gravé par Montulay, **72** gravures d'après Monnet gravées par Tilliard, et 24 planches ornées de culs-de-lampe contenant les sommaires.
> Exemplaire auquel on a ajouté :
> 1° un portrait dessiné et gravé par Aug. Saint-Aubin ;
> 2° un portrait par J. Vivien, gravé par St-Aubin.
> 3° la suite des 24 figures de Moreau.

32. **Figures de l'Histoire de France**, représentant, règne par règne, les principaux faits et les traits les plus intéressants de cette Histoire, depuis l'établissement de la monarchie jusques et y compris le dernier règne ; avec l'explication sommaire des sujets au bas de chaque estampe ; ouvrage proposé par souscription par J. Ph. Le Bas. *Paris*, 1778, in-4, demi-rel., dos et coins de mar. rouge, dos orné

et mosaïqué, tr. dor. (*Ad. Bertrand*).

> Première édition. Recueil de 85 estampes, numérotées de 2 à 89.
> (Manque les planches 24, 25 et 48).
> Les 36 premières sont dessinées par Monnet et Lépicié, excepté les 8e,
> 28e, 29e, 31e, 32e, 33e, 34e et 35e, qui sont de Moreau, ainsi que les plan-
> ches 37 à la fin.
> On a relié au commencement du volume 2 prospectus (6 pp. imp.)
> dont le titre reproduit ci-dessus.

33. **Figures de l'Histoire de France**, dessinées par Moreau le jeune et gravées par Le Bas (et autres) avec des explications par l'abbé Garnier. *Paris*, 1785, gr. in-4 demi-rel., veau rouge, non rog.

> Beau recueil de 164 jolies figures en très bonnes épreuves. Plus 3 cartes
> et 3 planches de portraits des rois de France.
> Exemplaire provenant de la Bibliothèque de Emm. Martin avec son *ex-
> libris*.

34. **GESSNER**. Œuvres de Salomon Gessner (traduction en français par Huber, Meister et Brutté de Loirelle). *Paris, chez l'auteur des estampes, veuve Hérissant et Barrois l'aîné, s. d.* (1786-1793). 3 vol. gr. in-4, demi-rel. dos et coins de mar. bleu, dos ornés, tr. dor.

> 3 titres gravés différents, non signés ; 1 frontispice avec portrait par
> Le Barbier, gravé par Ingouf ; 2 autres frontispices par le même, gravés
> par Dambrun et Ponce ; 72 figures, 4 vignettes et 67 culs-de-lampe par
> Le Barbier, gravés par Allix. Baquoy, Dambrun, Delignon, Gaucher,
> Giraud le Jeune. Godefroy, Halbou, Langlois jeune, Le Beau, Lépine,
> Le Vilain, de Longueil, Pauquet, Petit, Ponce, Texier, Thomas, Trière et
> Viguet.

35. **Gessner**. Œuvres de Salomon Gessner. *Paris, Renouard*, 1795, 4 vol. in-12, pap. vél., fig., mar. rouge. dos ornés, fil.. tr. dor. (*Rel. de l'époque*).

> 2 portraits et 48 figures par Moreau, gravés par Baquoy, Dambrun,
> Delvaux, Dupréel, de Ghendt, Girardet, Lemire, Petit, Simonet et Trière.

36. **Graffigny** (Mme de). Lettres d'une Péruvienne, traduites du français en italien par M. Deodati (avec le texte en

regard). *Paris, imprimerie de Migneret,* 1797, gr. in-8,
fig., demi-rel. dos et coins de chag. vert, tr. peig.

> Portrait de l'auteur d'après La Tour, gravé par Gaucher et 6 belles
> figures par Le Barbier, gravées par Choffard, Halbou, Patas, Gaucher et
> Lingée.
> On a ajouté : 1° La suite de 1 portrait gravé par de Launay et 8 char-
> mantes figures par Lefèvre, gravées par Coiny.
> 2° 1 figure et 1 vignette par Desenne, en 2 états, eaux-fortes et avant la
> lettre tirées sur Chine.
> **Ensemble 20 pièces.**

37. **Grécourt**. Œuvres complètes, enrichies de gravures.
Nouvelle édition corrigée et augmentée d'un grand nombre
de pièces qui n'avaient jamais été imprimées. *Paris, Chai-
gnieau aîné,* an V. (1796), 4 vol. in-8, fig., veau racine,
dos ornés, fil., tr. dor. (*Rel. anc.*).

> Exemplaire contenant :
> 1° 1 portrait par Dupréel, et 8 figures par Fragonard fils, gravées par
> Dambrun, Duparc, Giraud le jeune, Pauquet, Lingée et Dupréel.
> 2° 8 figures au trait.
> 3° 13 vignettes d'après Duplessis-Bertaux.
> **Ensemble 30 pièces.**

38. **HAMILTON**. Mémoires du Comte de Grammont, par
le C. Antoine Hamilton. Edition ornée de LXXII portraits,
gravés d'après les tableaux originaux. *A Londres, chez
Edwards, s. d.* (vers 1794), in-4, papier vélin, mar. rouge
à long grain, fil. dor. sur le dos et les plats, dent. int. tr.
dor. (*Rel. de l'époque*).

> 78 portraits et 1 vue de Somerhill, par Harding et Voet, gravés par
> Bartolozzi, Birrell, Barker, Claessens, Clamp, Gardiner, Harding jeune,
> Knight, Legoux, Nogent, Ogborne, Parker, Shineker, Schiavonetti, Silves-
> ter, Tomkins, Van den Berghe, et Vandenburg.
> Exemplaire avec les *notes et éclaircissements,* la table des noms cités
> dans l'ouvrage, et l'avis au relieur qui manquent souvent.
> On y a ajouté le fac-simile d'une lettre de Hamilton.

39. **Helman**. Abrégé historique des principaux traits de la
vie de Confucius, célèbre philosophe chinois, orné de
24 estampes in-4 gravées par Helman, d'après les dessins
originaux de la Chine envoyés à Paris par le P. Amiot,

missionnaire à Pékin, et tirés du Cabinet de M. Bertin. *Paris* (1788), *chez l'auteur et chez M. Ponce, graveur*, in-4, demi-rel., chag. bleu, dos orné, plats toile, tr. dor.

40. **Hénault** (le Président). Nouvel abrégé chronologique de l'Histoire de France, contenant les évènements de notre histoire depuis Clovis jusqu'à la mort de Louis XIV, les guerres, les batailles, les sièges, etc. Troisième édition. *A Paris, chez Prault, père et fils*, 1749, gr. in-4, demi-rel. dos et coins de mar. rouge, tr. dor. (*Adolphe Bertrand*).

> Magnifique édition.
> 1 fleuron sur le titre, 3 vignettes et 36 beaux culs-de-lampe par Cochin.
> Exemplaire sans le frontispice ni les portraits, qui manquent souvent.
> On y a ajouté :
> 1º un portrait du président Hénault, par Cochin, gravé par Gaucher ;
> 2º 34 estampes allégoriques par Cochin, gravées par Aliamet, Delaunay, Martini et Rousseau, pour l'édition de 1768 ;
> 3º le fac-simile d'une lettre du président Hénault.

41. **Héroïdes**. Lettre de Dulis à son ami, par M. Mercier. Nouvelle édition, corrigée et augmentée. *A Amsterdam, et à Paris, chez Lejay*, 1768. — Lettre de l'abbé de Rancé à un ami, écrite de son abbaye de la Trappe, par M. Barthe. Nouvelle édition. *Genève, et à Paris, chez Duchesne, et Panckoucke*, 1766. — Lettre en vers de Gabrielle de Vergy à la Comtesse de Raoul, sœur de Raoul de Coucy, par M. Mailhol, suivie de la romance sur les amours infortunés de Gabrielle de Vergy et de Raoul de Coucy, attribuée à M. le duc de ***. *Paris, veuve Duchesne*, 1766. — Lettre d'Alcibiade à Glicère, bouquetière d'Athènes, suivie d'une lettre de Vénus à Pâris, et d'une Epitre à la maîtresse que j'aurai (par le marquis de Pezay). *A Genève, et à Paris chez Séb. Jorry*, 1764. — L'Heureux jour, épître à mon ami (par le marquis de Pezay). *Paris, veuve Duchesne*, 1768. — Ens. 5 ouvrages en 1 vol. in-8, fig., demi-rel. dos et coins de mar. rouge, dos orné, tr. dor.

> Titre. 5 figures, 7 vignettes et 5 culs-de-lampe, par Eisen, Moreau et Thérèse Martinet.

42. **Histoire de l'enfant prodigue**, en douze tableaux tirée du Nouveau Testament ; dessinée et gravée par Jean Duplessi-Bertaux en 1815. *Paris, de l'imprimerie de P. Didot l'aîné*, 1816, pet. in-4 obl., pap. vélin, demi-rel. veau vert, fil. sur le dos, tête dor, non rog. (*Petit, succ. de Simier*).

> 12 jolies figures hors-texte.
> Texte par Miger.

43. **Imbert**. Le Jugement de Pâris, poëme en IV chants. Suivi d'Œuvres mêlées. Nouvelle édition corrigée et augmentée, par **M. Imbert**. *Amsterdam (Paris)* 1774, in-8, demi-rel. dos et coins de mar. bleu, dos orné, tr. peig.

> Titre gravé par Moreau ; 4 figures par Moreau, gravées par Née, Duclos, Masquelier, et Delaunay, et 4 vignettes par Choffard.

44. **La Fontaine**. Contes et Nouvelles en vers, de La Fontaine. *Amsterdam, (Paris, David jeune)*, 1745, 2 vol. pet. in-8, fig., mar. rouge, dos ornés, fil., dent. int. tr. dor. (*Pouillet*).

> 1 frontispice signé Lebas, 1 vignette à mi-page, *La Fontaine écrivant*, gravée par Fessard d'après Cochin, 2 fleurons sur les titres et 69 vignettes par Cochin, gravés par Chedel, Fessard et Ravenet, quoique non signés. Raccommodage dans la marge du haut de la table du tome II.

45. **LA FONTAINE**. Fables choisies mises en vers par J. de La Fontaine. *Paris, Desaint, Saillant et Durand*, 1755-1759, 4 vol. in-fol., front., port. et fig , veau marb., dos ornés, tr. dor. (*Rel. anc.*).

> 1 frontispice par Oudry, terminé par Dupuis et gravé par Cochin, 1 portrait d'Oudry d'après Largillière, gravé par Tardieu, et **275** figures par Oudry.
> Bel exemplaire sur **moyen papier de Hollande** avec les figures en bonnes épreuves, celle du *Léopard* est avant l'inscription.

46. **LA FONTAINE**. Fables de La Fontaine avec figures (dessinées par Vivier), gravées par MM. Simon et Coiny.

A Paris, de l'imprimerie de Didot l'aîné, 1787, 6 vol.
in-18, pap. vélin, mar. rouge, dos ornés aux petits fers,
fil. droits et entrel. sur les plats, doublés de tabis bleu,
dent. int., gardes de tabis, tr. dor. (*Rel. anc.*).

1 frontispice et 275 figures (**épreuves avant les numéros**).
Bel exemplaire dans une jolie reliure de **Bradel-Derome**.

47. **La Fontaine**. Les Amours de Psyché et de Cupidon, par
M. de La Fontaine. Nouvelle édition. *Paris, imp. de
Patris*, 1796, pet. in-12, fig., demi-rel. mar. rouge, dos
orné et mosaïqué, tête dor., non rogné (*Thierry*).

6 figures dessinées par Binet, gravées par Blanchard.

48. **LA HARPE**. Tangu et Félime, poëme en IV chants,
par M. de la Harpe, de l'Académie française. *Paris, chez
Pissot, s. d.* (1780), pet. in-8, mar. bleu, dos orné aux
petits fers, dent. int., tr. dorée sur broch. (*Brany*).

1 titre gravé par Marillier, et 4 jolies figures de Marillier gravées par
Dambrun, de Ghendt, Halbou et Ponce (épreuves avant la lettre).
Bel exemplaire provenant de la bibliothèque de M. Eug. Paillet, avec
son ex-libris ; on y a ajouté un portrait gravé par Hopwood, d'après
J. Ducreux, tiré sur Chine collé.

49. **La Motte** (Houdard de). Fables nouvelles, dédiées au
Roy, par M. de La Motte de l'Académie françoise. Avec
un discours sur la Fable. *A Paris, chez Grégoire Dupuis*,
1719, in-4, veau marb., dos orné aux petits fers, dent. sur les
plats, dent. int., tr. dor. (*Bozerian jeune*).

1 fleuron sur le titre par Vleughels, gravé par Simoneau, 1 frontispice
par Coypel, gravé par Tardieu, et 100 vignettes par Coypel, Gillot, Edelinck, B. Picart et Ranc, gravées par Cochin, Gillot, Edelinck, B. Picart,
Simoneau et Tardieu.
Bel exemplaire, grand de marges.

50. **Laveaux** (J.-Ch.). Histoire de Pierre III, Empereur de
Russie... suivie de l'Histoire secrète des amours et des
principaux amans de Catherine II ; (publiée) par l'auteur de

la vie de Frédéric II, roi de Prusse (Jean-Charles Laveaux).
Paris, La Briffe, an vii (1799), 3 vol. pet. in-8, fig.,
demi-rel. dos et coins de veau bleu, dos ornés, tête dor.
tr. blanches.

> 3 figures par Huot, gravées par Dupréel, Huot, et Tassaert.
> Sur les titres, signature de M. F. de Valenzi.

51. **La Vicomterie**. Les Crimes des Empereurs d'Allemagne, depuis Lothaire Ier jusqu'à Léopold II. avec cinq gravures. *Paris,* 1793. in-8. demi-rel. chag. bleu, dos fleurdelisé, tr. peig.

> 5 figures dessinées et gravées par Ransonnette.

52. **LEVAYER DE BOUTIGNY**. Tarsis et Zélie (par Levayer de Boutigny). Nouvelle édition. *A Paris, chez Musier fils,* 1774, 3 vol. gr. in-8, mar. grenat, dos ornés aux
petits fers. fil., dent. int., têtes dor., non rog. (*Lanscelin*).

> 3 frontispices par Cochin, Moreau et Eisen, gravés par Gaucher, Ponce
> et Née ; 3 fleurons sur le titre, gravés par Née, et 20 vignettes par Eisen,
> gravées par Helman, de Longueil, Masquelier, Massard, Née et Ponce.

53. **Malfilâtre**. Narcisse dans l'isle de Vénus, poëme en
quatre chants (par J.-C.-L. Clinchamp de Malfilâtre, publié
avec une préface par Ch. de Lafont de Savine. et J.-B.
Collet de Messine). *A Paris, chez Lejay, s. d.* 1769, in-8,
demi-rel. dos et coins de mar. brun, dos orné, tr. peig.

> 1 titre par Eisen, gravé par de Ghendt, et 4 figures de Gabriel de Saint-
> Aubin, gravées par Massard (la 3e n'est pas signée).
> Première édition publiée au profit des héritiers de Malfilâtre.

54. **Maréchal** (Sylvain). Le Panthéon, ou les Figures de la
Fable, dessinées par M. Gois, sculpteur du roi, professeur
de son académie, et gravées par Simon ; avec leurs historiques, par M. Sylvain Maréchal. (*Paris,* 1787), in-8, veau
bleu, dos orné, tête dor., non rog.

> 24 figures de Le Barbier gravées par Copia, de Ghendt et Simon.

55. **MARGUERITE DE FRANCE**, reine de Navarre. Contes et Nouvelles de Marguerite de Valois, reine de Navarre ; mis en beau langage accommodé au goût de ce temps, et enrichis de figures en taille-douce. *A Amsterdam, chez George Gallet*, 1698, 2 vol. pet. in-8, mar. rouge, dos ornés aux petits fers, fil., dent. int., tr. dor. (*Hardy*).

> 1 frontispice et nombreuses gravures, dans le texte, attribuées à Romain de Hooge.
> Bel exemplaire.

56. **Marivaux**. La Vie de Marianne, ou les Aventures de Madame la Comtesse de *** par Monsieur de Marivaux. *A Amsterdam. chez E. Van Harrevelt*, 1778, 2 vol. in-12, mar. rouge à long grain, dos ornés, fil., dent. int., tr. dor.

> 12 figures par Schley et Fokke, et 2 fleurons sur les titres par Schley et Sibelius.

57. **Marmontel**. Chefs-d'Œuvre dramatiques, ou recueil des meilleures pièces du Théâtre françois, tragique, comique et lyrique, avec des discours préliminaires sur les trois genres, et des remarques sur la langue et le goût, par M. Marmontel. Dédié à Madame la Dauphine. *A Paris, de l'imprimerie de Grangé*, 1773, in-4, demi-rel. dos et coins de mar. rouge, dos orné, fil. sur les plats et aux angles.

> 3 figures, 15 vignettes et 10 culs-de-lampe de la plus grande beauté par Eisen, gravés par N. de Launay. de Launay jeune, Helman, Masquelier, Née et Ponce.
> Ce volume, dont la continuation n'a pas paru. contient : *Sophonisbe*, de Du Ryer. 1 figure, 5 vignettes, 3 culs-de-lampe : *Scévole*, de Mairet, 1 figure. 5 vignettes, 3 culs-de-lampe ; *Venceslas*, de Rotrou, 1 figure, 5 vignettes et 4 culs-de-lampe.

58. **MARMONTEL**. Contes moraux, par M. Marmontel, de l'Académie françoise. *A Paris, chez J. Merlin*, 1765, 3 vol. in-8, mar. vert, dos ornés aux petits fers, fil., dent. int., tr. dor. sur brochure (*Chambolle-Duru*).

> 1 portrait par Cochin. gravé par Saint-Aubin, titre par Gravelot gravé par Duclos, répété dans chaque volume, et 23 figures par Gravelot,

gravées par Baquoy, Legrand, Lemire, Le Veau, de Longueil, Pasquier, Rousseau et Voyez.

Bel exemplaire de premier tirage avec l'errata à la suite de la table, provenant de la Bibliothèque de M. Génard.

59. **Marmontel**. Contes moraux, par M. Marmontel, de l'Académie Françoise. *A Amsterdam, chez Marc-Michel Rey*, 1779, 3 vol. in-8, demi-rel. dos et coins de mar. brun, dos mosaïqués, têtes dor., non rog. (*Thierry, successeur de Petit-Simier*).

1 portrait par Cochin, gravé par Saint-Aubin, 1 frontispice-titre par Gravelot, gravé par Duclos, répété dans chaque volume, et 23 figures par Gravelot, gravées par Baquoy, Legrand, Lemire, Le Veau, de Longueil, Pasquier, Rousseau et Voyez.

60. **Millot** (L'Abbé Cl. Fr. Xav.). Abrégé de l'Histoire romaine ; orné de 49 estampes gravées en taille-douce avec le plus grand soin, qui en représentent les principaux sujets (par l'abbé Millot). *A Paris, chez Nyon l'aîné et fils*, 1789, in-4, fig. et cartes, demi-rel. dos et coins de mar. rouge, tr. dor.

1 frontispice par Piauger, gravé par Tardieu, et 48 figures par Bolomey, Eisen, Gravelot et Gabriel de Saint-Aubin, gravées par Aveline, Chenu, Courtois, Gaucher, Legrand, Levesque, de Lorraine, Mesnil, Pelletier, Ransonnette, Augustin de Saint-Aubin et Tardieu.

29 figures et portraits ajoutés.

Sur le faux-titre, timbre de la bibliothèque de S. A. R. Mgr le duc d'Orléans.

61. **Mirabeau**. Œuvres posthumes et facéties de Mirabeau le jeune (Pajon). Deuxième édition. *A Paris, chez Vincent*, an VIII (1800), in-18, joli frontispice non signé, veau fauve, dos orné, fil., tr. dor. (*Rel. anc.*).

C'est un recueil de *Nouvelles en vers*, auquel un libraire, sous le Directoire, donna le nom de Mirabeau, pour en assurer la vente.

62. **Mirys** (de). Figures de l'Histoire de la République romaine, accompagnées d'un précis historique. Ouvrage exécuté par ordre du gouvernement pour servir à l'instruction publique, d'après les dessins de S. D. Mirys. Première

partie, imprimée sur papier vélin. *A Paris, chez le citoyen Mirys*, an VIII (1799), in-4, demi-rel. dos et coins de mar. bleu, fil. et ornem. dor. sur le dos, 2 fil. dor. sur les plats et aux angles, tr. dor. (*Adolphe Bertrand*).

> 1 frontispice et 180 figures, gravés par Auvray, Baquoy, Dambrun, Giraud, Lingée, de Launay, Leveau, de Longueil, Patas, Petit, Pierron, Simonet, Trière, etc.
> Ouvrage entièrement gravé, sauf l'introduction.

63. **Mongez.** Vie privée du cardinal Dubois, archevêque de Cambray, premier ministre du Régent. *Londres (Paris)*, *vers* 1790, 3 vol. in-18, fig., demi-rel. veau rouge, dos ornés, têtes peig., non rog.

> 1 portrait et 2 figures par Binet, gravées par Bovinet.

64. **Morel de Vindé.** Primerose, par M..el de V..dé. *A Paris, de l'imprimerie de P. Didot l'aîné*, 1797, in-18, cart. dos et coins de chag. bleu, dos à la Pasdeloup, tête dor., non rog.

> 1 frontispice et 5 charmantes figures par Lefèvre, gravées par Godefroy.

65. **Nogaret** (Félix). Le Fond du Sac, ou Restant des Babioles de M. X. ***, membre éveillé de l'Académie des Dormans. *Venise (Paris, Cazin), chez Pantalon-Phébus*, 1780, 2 tomes en 1 vol. in-18, fig., mar. vert, dos orné et mosaïqué, milieux dor. à petits fers, avec mosaïque de mar. rouge, dent. int., tr. dor. (*Petit-Simier*).

> 1 frontispice et 9 très jolies vignettes signées D...
> Recueil de petites pièces en vers et en prose. Les figures sont du dessinateur miniaturiste Durand.

66. **OVIDE.** Les Métamorphoses d'Ovide, traduction nouvelle avec le texte latin, suivie d'une analyse de l'explication des fables, de notes géographiques, historiques, mythologiques et critiques, par M. G. T. Villenave ; ornée de gravures d'après les dessins de MM. Lebarbier, Monsiau et Moreau. *Paris, F. Gay et Ch. Guestard (de l'imprimerie*

de P. Didot l'aîné), 1806, 4 vol. gr. in-4, pap. vélin, chag. vert foncé, dos et plats ornés, dent. int., tr. dor.

144 figures par Le Barbier, Monsiau et Moreau, gravées par Baquoy, Courbe, Dambrun, Delvaux, de Ghendt, Halbou, Hulk, Langlois, R. de Launay, Malbeste, Mariage, Queverdo, Thomas et Trière.
Exemplaire avec les figures **avant la lettre** et encadrées.

67. **Palissot**. Œuvres de M. Palissot. Nouvelle édition, considérablement augmentée, enrichie de figures. Tome troisième, contenant La Dunciade. *A Liège, chez Clément Plomteux,* 1777, in-8, demi-rel. dos et coins de mar. La Vall., dos orné, tête dor.

Exemplaire auquel on a joint les Mémoires sur la vie de l'auteur (xxxix pag.), les titres et faux-titres des tomes I et II, et la suite de : 1 portrait par Monnet, gravé par Choffard, et 18 figures, dont 8 par Méon, gravées par Thérèse Martinet, et 10 par Monnet, sans nom de graveur.

68. **Parc au Cerf** (Le), ou l'origine de l'affreux déficit, par un zélé Patriote (L.-G. Bourdon). *A Paris, sur les débris de la Bastille,* 1790, in-8, fig., demi-rel. dos et coins de mar. La Vallière foncé, tr. peig.

1 frontispice, les portraits de la duchesse de Chateauroux et de Madame de Pompadour et une figure représentant le banquier Peixotte assis, en extase voluptueuse, non signés.
La figure de Peixotte manque souvent.

69. **Parmentier** (Abbé). Lettre de Caton d'Utique à César. *Paris, de l'imprimerie de Lambert,* 1766. — Lettre de Caïn après son crime, à Méhala son épouse (par Costard). *Paris, Séb. Jorry,* 1765. — Lettre de Lord Velford à milord Dirton, son oncle, précédée d'une lettre de l'auteur (par Dorat). *Paris, L'Esclapart,* 1765. — Lettre de Pétrarque à Laure, suivie de remarques sur ce poète, etc. (par Romet). *Paris, Séb. Jorry,* 1765. — Les Bains de Diane, ou le Triomphe de l'Amour, poème (par Desfontaines). *Paris, Costard,* 1770. — L'Hôpital des Fous, traduit de l'anglois de Walsh (par de Flotte). *Paris, Séb. Jorry,* 1765. — Ens. 1 vol. gr. in-8, demi-rel. dos et coins de

mar. rouge, dos orné à petits fers et mosaïqué, tête dor.,
non rog. (*David*).

> 1 titre, 9 figures, 2 vignettes et 2 culs-de-lampe, par Eisen, Gravelot
> et Marillier.

70. **Pezay** (Marquis de). Zélis au bain, poème en quatre
chants (par le marquis de Pezay). *Genève, s. d.* — Lettre
de Biblis à Caunus son frère, précédée d'une lettre à l'auteur. par M. Blin de Sainmore. *A Paris, de l'imprimerie
de Sébast. Jorry*, 1765. — Les Sens, poëme en six chants
(par Du Rosoi). *A Londres (Paris),* 1766. — Ensemble
1 vol. in-8, demi-rel. dos et coins de mar. violet, dos orné
et mosaïqué, tr. dor, (*David*).

> 1 titre par Eisen, gravé par Lemire, avec la date de 1763, 4 figures,
> 4 vignettes et 4 culs-de-lampe par Eisen, gravés par Aliamet, Lafosse,
> Lemire et de Longueil ; pour *Zélis au bain*.
> 1 figure par Gravelot, gravée par Aliamet, 1 vignette et 1 cul-de-lampe
> par Eisen, gravés par de Longueil ; pour la *Lettre de Biblis*.
> 7 figures, dont 4 d'Eisen et 3 de Wille ; 6 vignettes dont 3 d'Eisen et
> 3 de J.-G. Wille, et 2 culs-de-lampe par Eisen, gravés par de Longueil ;
> pour *les Sens*.

71. **Phèdre**. Fables de Phèdre, affranchi d'Auguste, traduites
en français, avec le texte à côté, et ornées de gravures. *A
Paris, de l'imprimerie de P. Didot l'aîné,* 1806, 2 vol.
in-18, veau vert d'eau, dos orné, dent. sur les plats et int.,
tr. dor. (*Rel. de l'époque*).

> 1 portrait de Madame Fanny de Beauharnais, par Lefèvre, gravé par
> Moithey, 1 titre gravé, 1 frontispice et 107 figures.
> (Cohen n'indique que 51 figures).

72. **Plancher de Valcourt**. Le Petit-Neveu de Boccace, ou
contes nouveaux en vers (par Plancher de Valcourt). Nouvelle édition, revue, corrigée et considérablement augmentée. *A Avignon,* 1781, in-8, veau bleu, dos orné de
fleurs de lys, fil. sur les plats, dent. int., tr. dor.

> 1 frontispice, 1 figure et 4 jolies vignettes par Desrais, gravés par Patas.

73. **Pope**. Œuvres complettes d'Alexandre Pope, traduites
en françois. Nouvelle édition, revue, corrigée et augmentée

du texte anglois mis à côté des meilleures pièces, et ornée
de belles gravures. *A Paris, chez la veuve Duchesne*, 1779,
8 vol. in-8, veau marb., tr. marb. (*Rel. anc.*).

> Cette traduction a été publiée par les soins de l'abbé de la Porte.
>
> 1 portrait par Kneller, ornementé par Marillier et gravé par Lebeau,
> et 17 figures par Marillier, gravées par Dambrun, Duflos, Gaucher, Gode-
> froy, Halbou, Ingouf jeune, Lebeau, Macret, Ponce, Romanet et Trière.
>
> Très belles illustrations. Les planches des pages 23 (t. II), 87 et 215
> (t. V) sont avant la lettre.
>
> Exemplaire auquel on a ajouté :
>
> 6 titres, et une suite de 1 portrait par Syfang, 1 frontispice par Dela-
> monce, gravé par Fritsch (en double), 6 fleurons sur les titres, dont 2
> différents, l'un par Punt, et 18 figures par Blakey, Hayman, Wale, et
> Walker, gravées par Fritsch et Punt ; pour l'édition in-12 de 1754.
> **Ensemble : 27 pièces ajoutées.**

74. **Rosset** (De). L'Agriculture, poëme. *A Paris, de l'imprimerie royale, et chez Moutard, libraire*, 1774. gr.
in-4, fig., veau porphyre, dos orné, fil., tr. dor. (*Rel.
anc.*).

> 2 frontispices par Saint-Quentin, gravés par Legouaz ; 1 fleuron sur le
> titre et 2 petites vignettes ou fleurons dessinés et gravés par Marillier,
> 6 figures par de Loutherbourg, gravées par de Ghend, Leveau, Lingée,
> et Ponce, et 6 vignettes de Saint-Quentin, gravées par Hemery, Leveau,
> Lingée et Ponce.
>
> Belles illustrations.

75. **Rousseau** (J.-J.). La Nouvelle Héloïse. 2 vol. — Emile,
ou de l'Education, suivi d'Emile et sa Fille, ou les Soli-
taires. 2 vol. — Confessions et rêveries d'un promeneur
solitaire. 2 vol. *Genève*, 1780-1782, 6 vol. in-4, veau, tr.
marb. (*Rel. anc.*).

> 33 figures par Moreau le jeune, Le Barbier et C.-N. Cochin, en très
> belles épreuves.
>
> Forment les tomes 2, 3, 4, 5, 10, 11 des Œuvres complètes.

76. **TASSE** (Le). La Gerusalemme liberata, di Torquato
Tasso : stampata d'ordine di Monsieur (le comte de Pro-
vence). *Parigi, Fr. Ambr. Didot l'ainé*, 1784, 2 vol. gr.
in-4, pap. vélin, mar. rouge à long grain, dos ornés aux
petits fers, compart. de fil. sur les plats, dent. int., tr. dor.
(*Rel. de l'époque*).

> 1 frontispice et 40 figures par Cochin, gravés par Dambrun, de Launay,

Delignon, Duclos, Lingée, Patas, Ponce, Prévost, A. de Saint-Aubin, Simonet, Tillard, Trière et Varin.

Exemplaire auquel on a ajouté une épreuve à **l'état d'eau-forte** de la planche du Chant XVII.

77. **Temple des Muses** (Le), orné de LX tableaux où sont représentés les évènements les plus remarquables de l'antiquité fabuleuse ; dessinés et gravés par B. Picart le Romain, et autres habiles maîtres ; et accompagnés d'explications et de remarques qui découvrent le vrai sens des fables, et le fondement qu'elles ont dans l'histoire. *A Amsterdam, chez Zacharie Chatelain*, 1733, in-fol., front. gr., demi-rel. dos et coins de mar. vert, tr. dor.

78. **Ternisien d'Haudricourt**. Fastes de la Nation francaise, ouvrage présenté au roi et honoré de l'accueil flatteur de Sa Majesté, par Ternisien d'Haudricourt. *Paris, Decrouan. s. d.* (1825), 2 tomes en 1 vol. gr. in-4, pap. vélin, fig., demi-rel. mar. violet, dos orné.

Ouvrage orné de 207 figures gravées à mi-page ; texte entièrement gravé.
Publié à 400 francs.

79. **Thompson**. Les Saisons, poëme traduit de l'Anglois de Thompson (par Madame Bontemps). *A Paris, chez Pissot et Nyon l'ainé*, 1779, pet. in-8, texte encadré, demi-rel. dos et coins de mar. brun, fil. sur le dos, les plats et aux angles, tr. dor.

Edition de 1759, avec un titre daté de 1779.
1 frontispice, 4 figures, et 4 culs-de-lampe par Eisen, gravés par Baquoy.

80. **Vadé**. La Pipe cassée, poëme epi-tragi-poissardi-heroicomique (par Vadé). *A la Liberté, chez Pierre Bonne-Humeur, avec permission du public*, s. d., in-12, fig., demi-rel. dos et coins de mar. violet, tr. dor. (*A. Bertrand*).

1 fleuron sur le titre et 4 vignettes par Eisen, gravées par Aveline et Sornique.

81. **Virgile**. Les Géorgiques, traduction nouvelle en vers
françois, enrichies de notes et de figures, par **M**. Delille.
Troisième édition. *Paris, Bleuet.* 1770, gr. in-8, fig., demi-
rel. dos et coins de mar. vert clair, dos mosaïqué, fil. sur
les plats, tête dor.. tr. blanches (*Smeers*).

> 1 frontispice par Casanova et 4 figures par Eisen, gravés par de Lon-
gueil.

82. **VOLTAIRE**. La Pucelle d'Orléans, poëme en vingt-un
chants, par Voltaire. Edition ornée de figures gravées par
les meilleurs artistes de Paris. *A Paris, de l'imprimerie
de Didot le jeune, l'an troisième* (1795), 2 tomes en 1 vol.
in-4, papier vélin, demi-rel. dos et coins de mar. rouge, dos
orné aux petits fers de compart. de fil. dor. et au pointillé.
tête dor., non rog. (*Smeers*).

> 1 portrait dessiné et gravé par Gaucher. et 21 figures par Lebarbier,
> Marillier, Monnet et Monsiau, gravées par Baquoy, Choffard, Delignon,
> Delvaux, Duhamel, Dupréel, Lemire, Lingée, Malbeste, Patas, Pauquet,
> Ponce et Romanet.
> Exemplaire auquel on a ajouté une épreuve avant la lettre de la planche
> du Chant XX.

83. **VOLTAIRE**. Romans et Contes de M. de Voltaire.
Bouillon, aux dépens de la Société typographique, 1778.
3 vol. in-8, fig , mar. bleu, dos ornés, fil., dent. int., tr.
dor. (*Cuzin*).

> Bel exemplaire.
> 1 portrait de Voltaire gravé par Cathelin, d'après La Tour, 13 vi-
> gnettes par Monnet, gravées par Deny, 57 figures par Marillier, Martini.
> Monnet et Moreau. gravées par Baquoy, Châtelain, Deny, Dambrun, Lo-
> rieux, Patas, Vidal et Elisabeth Thiébaut.
> On a ajouté dans le tome III 10 vignettes de Duplessi-Bertaux, pub.
> par Leclerc.

84. **Voltaire**. Théâtre. Suite de 32 figures et de 2 portraits :
Pierre le Grand et Charles XII, par Gravelot pour illustrer
le Théatre de Voltaire. Les portraits sont de Saint-Aubin et
de Gardelle. *Genève*, 1768, in-4, demi-rel. mar. rouge,
planches mont. sur onglets.

85. **Zacharie**. Les Quatre parties du Jour, poëme traduit de l'allemand de **M**. Zacharie (par Muller). *A Paris, chez J. B. G. Musier fils,* 1769, gr. in-8, mar. rouge, dos orné aux petits fers, fil. large dent. int., tr. dor. (*Lanscelin*).

1 frontispice, 4 figures et 4 vignettes, par Eisen, gravés par Baquoy.

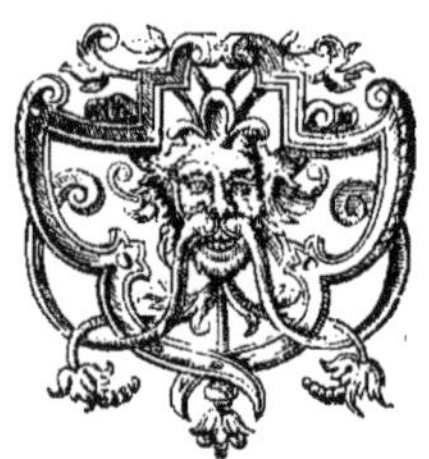

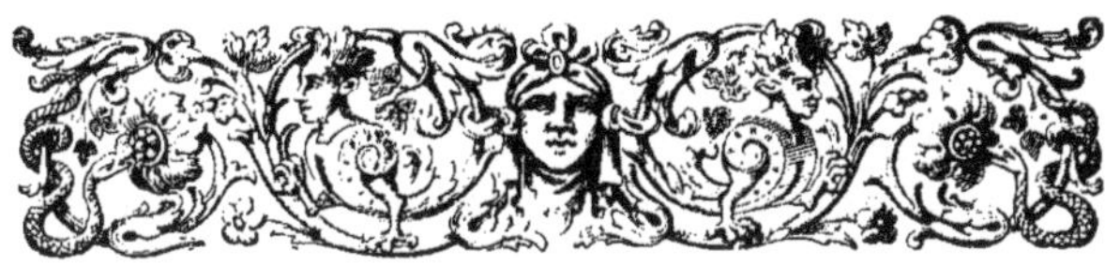

ŒUVRES

DE

RESTIF DE LA BRETONNE

---

86. Restif de la Bretonne. Adèle de Comm... (Comminge),
ou Lettres d'une fille à son père. *En France (Paris, Edme)*,
1772, 5 vol. in-12, demi-rel. mar. r.

> Il est difficile de trouver cet ouvrage ainsi complet avec le cinquième
> volume (*P. Lacroix*, p. 110).

**87. Restif de la Bretonne. L'Année des dames natio-
nales**, ou Histoire jour par jour d'une femme de France.
A Genève, et se trouve à Paris, 1791-1794, 12 vol. in-12,
front. et fig., demi-rel. mar. grenat. dos ornés, tête dor.,
non rog.

> Exemplaire dans lequel les volumes de Juillet et Auguste ont pour titre
> *Les Provinciales. Paris. Garnery, s. d.* Le volume de Novembre a le même
> titre collé sur le véritable. Il manque le frontispice des volumes d'Auguste
> et de Décembre ; mais le premier a la rare estampe numérotée 2301.
> (*P. Lacroix*, p. 344).

88. Restif de la Bretonne. La Confidence nécessaire, ou
Lettres de Mylord Austin de Norfolk à mylord Humphrey
de Dorset. *Imprimé à La Haye*, 1768, 2 tomes en 1 vol.
in-12, mar. r., dos orné, fil., dent. int., tr. dor. (*Petit-
Simier*).

89. **Restif de la Bretonne. Les Contemporaines,**ou Avantures des plus jolies femmes de l'âge présent. Seconde édition. *Imprimé à Leipsick, par Buschel marchand-libraire, et se trouve à Paris, chés la dame Vve Duchesne,* 1781-1785, 42 vol. in-12, fig., demi-rel. chag. r. avec coins, tête dor., ébarbé.

(*P. Lacroix*, p. 162).

90. **Restif de la Bretonne.** Les Égarements d'un philosophe, ou la Vie du chevalier de Saint-Albin. *Paris, Regnault,* 1789, 2 tomes en 1 vol. in-12, fig. de Binet, demi-rel. mar. r. avec coins, dos orné, fil., tr. dor. (*Petit-Simier*).

Restif n'a été que l'éditeur de ce roman par lettres, dans le genre des *Liaisons dangereuses* (*P. Lacroix*, p. 456).
Exemplaire incomplet des titres et de la seconde des 2 figures de Binet. La première a un raccommodage dans le bas.

91. **Restif de la Bretonne.** La Famille vertueuse. Lettres traduites de l'anglais. *A Paris, chez la veuve Duchesne,* 1767, 4 tomes en 2 vol. in-12, demi-rel. mar. violet avec coins, dos ornés, fil., tr. dor. (*Petit-Simier*).

Premier ouvrage composé par Restif ainsi qu'il le raconte dans *Monsieur Nicolas* (*P. Lacroix*, p. 77).

92. **Restif de la Bretonne.** La Femme infidèle. *A La Haye, et se trouve à Paris, chez Maradan,* 1788, 4 tomes en 2 vol. in-12, mar. r., dos ornés, fil., dent. int., tr. dor. (*Petit-Simier*).

Ce volume est fort rare. La vente en fut arrêtée par la censure, à laquelle Restif n'avait pas voulu se soumettre. La *Femme infidèle* est une satire impitoyable contre la femme de Restif, Agnès Lebègue, qui, il faut l'avouer, ne lui avait pas fait la vie douce. Elle eut des amants, et de nombreux, parmi les amis de son mari.
Ce sont ses lettres ainsi que les siennes propres que Restif a publiées dans ces quatre volumes (*P. Lacroix*, p. 301).

93. **Restif de la Bretonne.** La Fille naturelle. *Paris, Vve*

Duchêne, 1775, 2 tomes en 1 vol. in-12, mar. r., dos orné, fil., dent. int., tr. dor. (*Petit-Simier*).

94. **Restif de la Bretonne**. Histoire des compagnes de Maria, ou Episodes de la vie d'une jolie femme, ouvrage posthume de Restif de La Bretonne. *Paris, Guillaume,* 1811, 3 vol. in-12, demi-rel. mar. vert avec coins, dos ornés, fil., tète dor. (*Petit-Simier*).

Ouvrage très intéressant, où Restif nous montre son talent sous un tout autre jour que dans ses autres romans. C'est un charmant recueil d'anecdotes racontées à ses amis par M. A. F. Mouchard, comtesse de Beauharnais, la bienfaitrice du romancier. Le premier volume présente en outre ce grand intérêt qu'il renferme la Biographie de Restif, par son ami et son commensal le plus intime, Cubières-Palmezaux (*P. Lacroix*, p. 433).
Exemplaire incomplet du faux-titre où se trouve l'attestation de la fille et du gendre de Restif sur l'authenticité de cette œuvre posthume.
Taches, raccommodages.

95. **Restif de la Bretonne. La Malédiction paternelle**, lettres sincères et véritables de N········ à ses parents, ses amis et ses maîtresses ; avec les réponses, recueillies et publiées par Timothée Joly, son exécuteur testamentaire. *Imprimé à Leipsick, par Buschel, marchand-libraire, et se trouve à Paris, chés la dame Vve Duchesne,* 1780, 3 vol. in-12, fig., mar. rouge, dos ornés, fil., dent. int.. tr. dor. (*Petit-Simier*).

3 figures-frontispices par Binet, gravées par Berthet.
(*P. Lacroix*, p. 159).

96. **Restif de la Bretonne. Le Marquis de T...** (Tavan), ou l'Ecole de la jeunesse, tirée des mémoires recueillis par N.-E.-A. Desforests, homme d'affaires de la maison de T... *A Paris, chez Le Jay,* 1771, 4 parties en 2 vol. in-12, mar. r,, dos ornés, fil., dent. int., tr. dor. (*Chambolle-Duru*).

Edition originale de l'un des ouvrages les plus rares de l'auteur (*P. Lacroix*, p. 107).

97. **Restif de la Bretonne**. Le Ménage parisien, ou Déliée et Sotentout. *Imprimé à La Haye*, 1773, 2 vol. in-12, demi-rel. mar. violet avec coins, dos ornés, fil., tr. dor. (*Petit-Simier*).

> Ouvrage rare : il n'a jamais été réimprimé ni contrefait (*P. Lacroix*, p. 116).

98. **RESTIF DE LA BRETONNE. Monsieur Nicolas,** ou le Cœur humain dévoilé, publié par lui-même. *Imprimé à la Maison, et se trouve à Paris*, 1794-1797. 16 parties en 8 vol. in-12, mar. vert, dos ornés, fil., dent. int., tr. dor. (*Chambolle-Duru*).

> Édition originale de toute rareté d'un des ouvrages les plus recherchés de Restif (*P. Lacroix*), p. 387).

99. **RESTIF DE LA BRETONNE. Les Nuits de Paris,** ou le Spectateur nocturne. *A Londres, et se trouve à Paris, chés les libraires nommés en tête du catalogue*, 1788-1794, 16 parties en 9 vol. in-12, fig., mar. rouge, dos ornés, fil., dent. int., tr. dor. (*Petit-Simier*).

> 18 belles figures par Binet, non signées. Bel exemplaire avec la XVe partie, publiée deux années après les XIV premières, manque souvent. La XVIe partie, où se trouve la figure de *Charlotte Corday*, est de toute rareté.
> (*P. Lacroix*, p. 258).

100. **Restif de la Bretonne**. Les Parisiennes, ou XL Caractères généraux pris dans les mœurs actuelles, propres à servir à l'instruction des personnes-du-sexe. Tirés des Mémoires du nouveau *Lycée-des-mœurs. A Neufchâtel, et se trouve à Paris, chés Guillot*, 1787, 4 vol. in-12, fig., demi-rel. dos et coins de mar. La Vallière, dos ornés, fil., tr. dor. (*Trioullier*).

> 20 figures numérotées, non signées, mais probablement de Binet (*P. Lacroix*, p. 247).

101. **RESTIF DE LA BRETONNE. Le Paysan perverti,** ou les Dangers de la ville, histoire récente, mise au

jour d'après les véritables lettres des personnages, par N. E.
Rétif de la Bretonne. *Imprimé à La Haie, et se trouve à
Paris chés Esprit*, 1776, 8 parties en 4 vol. — **La Paysane
pervertie**, ou les Dangers de la ville. Histoire d'Ursule R**,
sœur d'Edmond, le Paysan, mise au jour d'après les véritables lettres des personnages, par l'auteur du Paysan perverti. *Imprimé à La Haie, et se trouve à Paris, chés la
dame veuve Duchesne,* 1784. 8 parties en 4 vol. — Explication des figures du Paysan perverti et de la Paysane
pervertie. *S. l. n. d.* (1784-85), 1 vol. — Ensemble 9 vol.
in-12, fig., mar. vert. dos ornés, fil., dent. int., tr. dor.
(*Chambolle-Duru*).

Bel exemplaire orné des 120 figures de Binet, en superbes épreuves.
(*P. Lacroix*, pp. 129 et 224).

102. **Nougaret**. La Paysanne pervertie, ou les Mœurs des
grandes villes : Mémoires de Jeannette R***, recueillis de
ses lettres et de celles des personnes qui ont eu part aux
principaux évènements de sa vie, mis au jour par M. Nougaret. *A Londres, et se trouve à Paris, chez J. F. Bas-
tien,* 1777, 4 parties en 3 vol. in-12, demi-rel., dos et
coins de mar. rouge, dos ornés, tr. dor. (*Petit-Simier*).

103. **Restif de la Bretonne. Philosophie de M. Nicolas.**
Paris. 1796, 3 vol. in-12, mar. brun, dos ornés, fil., dent.
int., tr. dor. (*Petit-Simier*).

Ouvrage fort curieux, contenant les Rêveries que Restif a réunies dans
un *Système de la nature*. Ce livre lui attira d'innombrables railleries.
Cependant, d'après M. Paul Lacroix, il n'aurait été que l'inspirateur de
cet ouvrage, rédigé par son ami, Nicolas de Bonneville. (*P. Lacroix*,
p. 407).

104. **Restif de la Bretonne**. Contes. Le pied de Fanchette,
ou le soulier couleur de rose, avec une Notice bio-bibliographique par Octave Uzanne. *Paris, A. Quantin,* 1881, in-8,
pap. de Holl., port., en-tête et cul-de-lampe, à l'eau-forte,

demi-rel., dos et coins de mar. bleu, dos orné, tête dor.,
non rog., couv. (*Trioullier*).

Exemplaire contenant la suite de 1 frontispice et 5 figures dess. et
grav. à l'eau-forte par Mongin.

105. **Restif de la Bretonne. Les Posthumes,** lettres
reçues, après la mort du mari, par sa femme, qui le croit
à Florence. Par feu Cazotte. *Imprimé à Paris, à la Maison,
et se vend chés Duchêne,* 1802, 4 vol. in-12, fig., mar.bleu,
dos ornés, fil., dent. int., tr. dor. (*Petit-Simier*).

Cet ouvrage fut imprimé au moins six ans avant d'être publié, mais
Restif le remania avant de le lancer en 1802.

La part de collaboration que put avoir Cazotte dans ce roman est
minime, et l'on doit plutôt en attribuer l'idée première à Mme de Beauharnais, l'amie de Restif. (*P. Lacroix*, p. 425).

Raccommodage au coin supérieur de la marge des pp. 21-22 et 23-24
du tome I.

106. **Restif de la Bretonne**. La Prévention nationale,
action adaptée à la scène, avec deux variantes et les faits qui
lui servent de base. *A La Haie, et se trouve à Paris,
chés Regnault,* 1784, 3 parties en 2 vol. in-12, fig., demi-
rel., dos et coins de mar. violet, dos ornés, fil. sur les plats,
tr. dor. (*Trioullier*).

Titres ornés et 10 figures non signées.

107. **Restif de la Bretonne. Tableaux de la Vie** ou les
Mœurs du dix-huitième siècle. Avec 17 figures en taille-
douce. *A Neuwied sur le Rhin, chez la Société typographique, et à Strasbourg, chez J. G. Treuttel, s. d.,*
2 vol. in-18, fig., demi-rel., dos et coins de mar. r., dos
orné, tête dor., non rog.

17 figures d'après Freudeberg et Moreau.
Exemplaire avec la figure du *Boudoir.* (*P. Lacroix,* p. 336).

108. — **Tableau des Mœurs d'un siècle philosophe,** histoire de Justine de Saint-Val, par M. F. C. L. R. D. L.
(François Candide Le Roy de Lozembrune). *A Manheim,*

chez C. Fontaine, libraire, et à Paris, chez la veuve Duchesne, 1786, 2 parties en 1 vol. in-12, fig., mar. rouge, dos orné, fil., tête dor., tr. blanches.

2 frontispices d'après Binet, non signés, et 1 figure.
Ce livre a été attribué à Rétif de la Bretonne. (*P. Lacroix*, p. 455).

109. **Restif de la Bretonne**, Das verfurhrte Landmadchen oder die Gefahren der Stadt, von dem Berfasser des verfuhrten Bauers aus dem Franzdsischen ubersetzt. *Berlin ünd Libau, ben de Lagarde ünd Fridrich,* 1786, 4 vol. in-12, demi-rel. dos et coins de mar. rouge, dos ornés, fil. sur les plats et aux angles, têtes dor., non rog. (*Trioullier*).

110. **Lacroix** (Paul). Bibliographie et Iconographie de tous les ouvrages de Restif de la Bretonne, comprenant la description raisonnée des éditions originales, des réimpressions, des contrefaçons, etc., etc. *Paris, A. Fontaine,* 1875, in-8, portr., br., couv.

Tiré à 500 exemplaires sur papier de Hollande. (N° 221).

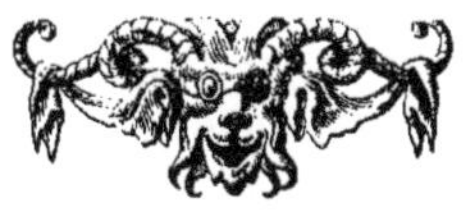

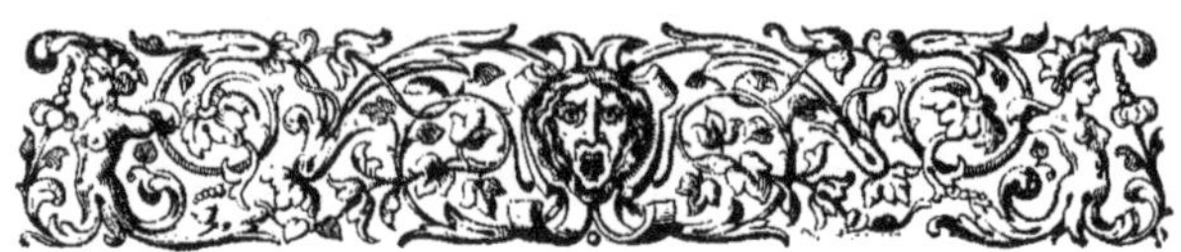

OUVRAGES ORNÉS

DE

NOMBREUSES SUITES DE VIGNETTES

111. **About** (Edmond). Le Nez d'un Notaire. *Paris, Calmann Lévy*, 1879, in-12, demi-rel. dos et coins de mar. bleu, tête dor., non rog. (*Thierry, succ* de Petit-Simier*).

Exemplaire auquel on a ajouté une suite de 32 figures en couleurs, dessinées et gravées par Gérard.

112. **ANACRÉON, Sapho, Bion et Moschus.** Traduction nouvelle en prose, suivie de la Veillée des Fêtes de Vénus (poëme attribué à Valère Catulle, à Florus Sénèque, à Luxurius, etc.), et d'un choix de pièces de différents auteurs, par M. M*** C*** (J.-J. Moutonnet-Clairfons). *A Paphos, et se trouve à Paris, chez Le Boucher.* 1773. — Héro et Léandre, poëme de Musée. On y a joint la traduction de plusieurs idylles de Théocrite, par M. M*** C*** (le même). *A Sestos, et se trouve à Paris, chez Le Boucher,* 1774. — Ensemble en 1 vol. in-8, demi-rel. dos et coins de mar. La Vallière, dos orné, tête dor.

L'un des livres les plus élégamment illustrés du XVIII* siècle. 2 figures-frontispices par Eisen, gravées par Massard et Duclos ; 12 vignettes et 13 culs-de-lampe par Eisen, gravés par Massard.

Exemplaire de premier tirage, auquel on a ajouté :

1° La suite de 4 gravures par Girodet et Bouillon, gravées par Girardet (épreuves en 2 états, avant et avec la lettre) ;
2° 1 figure de Marillier (épreuve avant la lettre) ;
3° 1 figure de Bergeret (épreuve avant la lettre) ;
4° 3 figures de Queverdo (dont 1 double).
Ensemble : 13 pièces ajoutées.

113. **Aristophane**. Comédies, traduites du grec, par M. Artaud, 4ᵉ édit., revue et corrigée sur les dernières éditions grecques. *Paris, Firmin Didot et Cie*, 1859, 2 vol. in-12, demi-rel. dos et coins de mar. rouge, tête dor., non rog. (*A. Bertrand*).

Exemplaire auquel on a ajouté 4 figures de Borel.

114. **Balzac** (Honoré de). Physiologie du Mariage, ou Méditations de philosophie éclectique sur le bonheur et le malheur conjugal, publiées par un jeune célibataire (par Honoré de Balzac). *Paris, Levavasseur et Urbain Canel*, 1830, 2 vol. in-8, demi-rel. dos et coins de mar. citron, dos ornés, tr. dor. (*Smeers*).

Edition originale. Une particularité est à noter, dans le tome II, méditation XXV, chap. I, qui traite des *Religions et de la confession considérées dans leur rapport avec le mariage*. Les quatre premières lignes sont seules intelligibles ; le reste du chapitre est composé avec des lettres, tirets, blocs, parenthèses, etc., pris au hasard dans la casse par le compositeur. (VICAIRE).
Exemplaire auquel on a ajouté une **aquarelle originale** non signée, et **31** figures.

115. **BYRON** (Lord). Œuvres complètes, traduction nouvelle, d'après la dernière édition de Londres, par Benjamin Laroche, précédées de l'histoire de là vie et des ouvrages de Lord Byron, par John Galt. *Paris, Charpentier*, 1836-37, 4 tomes en 8 vol. in-8, demi-rel. dos et coins de mar. La Vallière foncé, tr. dor. (*A. Bertrand*).

Bel exemplaire auquel on a ajouté :
1° 6 portraits de Lord Byron, en différents états ;
2° la suite de 39 portraits de femmes ;
3° une suite de 21 figures de Westal et Devéria, épreuves sur Chine ;
4° une suite de 20 figures de Colin, gravées au trait par Reveil ;
5° une suite de 17 fleurons de titres par A. et T. Johannot, épreuves sur Chine avant la lettre ;

6° une suite de 12 figures et portraits de A. et T. Johannot, épreuves en 3 états, sur Chine avant la lettre, et sur blanc avant et avec la lettre ;
7° une suite de 12 figures de Stéphanof, Tenkins, Corbould, Herbert, etc. ;
8• 13 vues et 3 figures anglaises.
Ensemble : 167 pièces.

116. **CERVANTES**. L'Ingénieux Chevalier Don Quichotte de La Manche, par Michel Cervantes. Traduction nouvelle par Furne. *Paris, Furne, Jouret et Cie*, 1866, 2 vol. gr. in-8, demi-rel. dos et coins de mar. brun, têtes dor., non rog., couvertures. (*Thierry*).

Exemplaire contenant :
1° 1 portrait gravé par Colin (édit. Furne) ;
2° 1 portrait gravé par Geoffroy ;
3° 1 portrait gravé à Londres par Mackenzie ;
4° 1 portrait gravé sur acier par Hopwood (en double) ;
5° 1 portrait par Devéria ;
6° 1 portrait ancien ;
7° 9 eaux-fortes de Denon ;
8° 16 figures de Desenne et Johannot, épreuves avant la lettre ;
9° 1 figure de Johannot ;
10° 16 figures d'après Courtin ; épreuves avant la lettre ;
11° 1 portrait et 4 figures par Devéria ;
12° 12 gravures in-18, dont 4 titres gravés et 8 eaux-fortes, d'après Devéria, pour l'édition de Desoer ;
13° 8 figures dont 4 d'Horace Vernet et 4 d'Eugène Lamy (en double), et 1 carte ;
14° 11 gravures in-18, dont 1 portrait, d'après les dessins de Charlet (épreuves avant la lettre, sauf le portrait) sur Chine collé ;
15° 8 figures par Grandville ;
16° 53 figures diverses, dont 1 grande gravure non signée, tirée sur Chine.
Ensemble : 147 pièces.
Les Couvertures portent la date de 1877.

117. **Chevigné** (Comte de). Les Contes Rémois, par le Comte Louis de Chevigné. Dessins de E. Meissonier. Quatrième édition. *Paris, Michel Lévy frères*, 1861, in-12, demi-rel. dos et coins de mar. rouge, tête dor. (*Smeers*).

Manque les 2 planches tirées à part.
Exemplaire auquel on a ajouté :
1 portrait du Comte de Chevigné gravé par Rajon d'après Léopold Flameng, et 6 figures gravées par Rajon (Éd. Jouaust).

118. **Diderot**. La Religieuse. *A Paris, chez Buisson, an cin-*

quième de la République, in-12, demi-rel. dos et coins de
mar. bleu, dos orné et mosaïqué, tr. dor.

> Exemplaire contenant :
> 1° 1 portrait par Vanloo, gravé par A. Saint-Aubin ;
> 2° la suite de 1 portrait par Aubry, gravé par Duprécl, et 4 figures par
> Le Barbier, gravées par Duprécl et Giraud ;
> 3° 5 figures extraites de publications populaires et remontées.

119. **Duclos**. Les Confessions du Comte de ***, par M. Duclos, de l'Académie françoise. Huitième édition, ornée de
belles gravures par les meilleurs maîtres, et augmentée de
la vie de l'auteur. *Londres et Paris, Costard*, 1776, 2 parties en 1 vol. in-8, fig., mar. rouge, dos orné, fil., dent. et
fleurs de lis couvrant les plats, dent. int., tr. dor. (*Petit-
Simier*).

> 7 figures par Desrais, gravées par Delaunay, Trière, Voysard, et Mes-
> dames Jeanne Deny, Lingée et Ponce.
> On a ajouté : 1 frontispice et 3 figures dessinés et gravés à l'eau-forte
> par R. de Los Rios.

120. **Eschyle**. Théâtre d'Eschyle. Traduction d'Alexis Pier-
ron couronnée par l'Académie française. Huitième édition,
revue et corrigée par le traducteur d'après les travaux critiques et exégétiques de Godefroy Hermann, de Guillaume
Dindorf, de Henri Weil, de Frédéric Heimsoeth, etc. *Paris, Charpentier et Cie*, 1870, in-12, demi-rel. dos et coins
de mar. brun, dos orné, tête dor., non rog. (*Smeers*).

> Exemplaire auquel on a ajouté :
> 3 figures de Marchand et Monnet, et la suite de 31 planches par Flax-
> man, gravées par Reveil.

121. **FÉNELON**. Les Aventures de Télémaque, par Fénelon,
avec son éloge par La Harpe. *Paris, Furne et Cie*, 1853,
1 tome en 2 vol. in-8, demi-rel. dos et coins de mar. rouge,
dos ornés et mosaïqués, fil. sur les plats et aux angles, tr.
dor. (*Smeers*).

> Exemplaire contenant :
> 1° 1 portrait par Moreau gravé par Howpood ;

2º 1 portrait dessiné et gravé par Aug. Saint-Aubin (en double) ;
3º 1 portrait gravé par Massard ;
4º 1 carte des Voyages de Télémaque ;
5º 26 figures de Moreau, gravées par Simonet, de Ghendt, etc. ;
6º 24 figures de Marillier, gravées par Delvaux, Dupréel, Dambrun ;
7º 24 figures de Queverdo, gravées par Delignon, de Launay, Villerey, Dambrun ;
8º 16 figures gravées par Rouargue ;
9º 20 figures de Lefèvre ;
10º 22 figures de Lebas.
Ensemble : 137 pièces.

122. **FIELDING**. Tom Jones, ou Histoire d'un enfant trouvé, par Fielding. Traduction nouvelle et complète, ornée de douze gravures en taille-douce. *Paris, imprimerie de Firmin Didot frères*, 1833, 4 vol. in-8, demi-rel. dos et coins de mar. rouge, dos ornés de fleurs de lis, têtes dor., non rog.

Cette traduction est du Comte de La Bédoyère.
12 figures par Moreau, gravées par de Villiers frères, Mariage et Simonet.
Exemplaire auquel on a ajouté :
1º la suite de 1 frontispice et 15 figures par Gravelot, gravées par Aveline, Chedel, Fessard et Pasquier (épreuves remontées) ;
2º une suite de 9 figures par Borel (épreuves avant la lettre) ;
3º une suite de 4 figures, par A. Johannot.
Ensemble : 29 pièces ajoutées.

123. **GALERIE DES FEMMES DE SHAKSPEARE**. Collection de quarante-cinq portraits gravés par les premiers artistes de Londres, enrichis de notices critiques et littéraires. *Paris, H. Delloye, s. d. (1838), gr. in-8, mar. violet, dos orné, fil. dor. formant encadrement et ornements à froid sur les plats, dent. int., gardes de soie, tr. dor. (Rel. de l'époque).*

1 frontispice et 45 portraits gravés sur acier.
Texte par MM. de Pongerville, Philarète Chasles, Mesdames Amable Tastu, Louise Colet, George Sand, MM. Paulin Paris, Népomucème Lemercier, Émile Deschamps, Casimir Delavigne, Nisard, Le Roux de Lincy, Hippolyte Lucas, Amédée Pichot, J. de Rességuier, Ernest Fouinet, etc., etc.
Sur le premier plat de la reliure, on lit, frappé en lettres d'or : *Offert à Mademoiselle Sarah Fenton par l'un des auteurs Mᵉ Julia de Fontenelle.*

124. **GŒTHE**. Le Faust de Gœthe. Traduction revue et complète, précédée d'un essai sur Gœthe, par M. Henri Blaze. Edition illustrée par M. Tony Johannot. *Paris, Dutertre, et Michel Lévy frères,* 1847. gr. in-8, demi-rel. dos et coins de mar. bleu, dos orné, tête dor., non rog.

    1 portrait de Gœthe, gravé par Langlois, d'après Carle Meyer et 9 eaux-fortes gravées par Langlois et Lévy, sur Chine collé.
    Exemplaire de premier tirage, auquel on a ajouté :
    1° 1 portrait de Gœthe ;
    2° 1 portrait de Gœthe avec 8 médaillons allemands ;
    3° 8 scènes au trait, par Retzsch ;
    4° 3 gravures sur bois ;
    5° 1 lithographie d'après Diaz ;
    6° 26 lithographies par Muret :
    7° 27 photographies.
    Ensemble : 67 pièces ajoutées.

125. **Gœthe**. Werther, par Gœthe. Traduction nouvelle précédée de considérations sur Werther, et en général sur la poésie de notre époque par Pierre Leroux, accompagnée d'une préface par George Sand. Dix eaux-fortes par Tony Johannot. *Paris. Victor Lecou* et *J. Hetzel et Cie, s. d.,* gr. in-8, demi-rel. mar. bleu, tr. peig.

    Exemplaire avec les eaux-fortes avant la lettre, sur Chine collé, avec le nom de l'artiste à la pointe (épreuves de premier tirage).
    On y a ajouté :
    1° les 3 figures de Moreau, gravées par de Ghendt et Simonet, pour l'édition de 1809 (épreuves avant la lettre, sur papier vélin) :
    2° un portrait de Gœthe, et une figure.

126. **GRESSET**. Œuvres de Gresset. *A Paris, chez Ant.-Aug. Renouard,* 1811, 2 vol. in-8. demi-rel. dos et coins de mar. rouge, dos ornés, fil sur les plats et aux angles, têtes dor., non rog.

    1 portrait, et 8 figures de Moreau, gravées par Simonet et de Ghendt.
    Le Parrain magnifique : est relié à la fin du tome Ier.
    Exemplaire auquel on a ajouté :
    1° 3 portraits dont 1 gravé par Hulot (en double) :
    2° 5 figures in-18 de Moreau :
    3° 5 gravures gr. in-8, de Monnet, avec entourages ornementés :
    4° 8 gravures de Devéria ;

5° 8 gravures sur bois ;
6° 9 figures non signées ;
7° 1 photographie.
Ensemble : 39 pièces ajoutées.

127. **HOFFMANN**. Contes fantastiques, traduction nouvelle; précédés de souvenirs intimes sur la vie de l'auteur, par P. Christian. Illustrés par Gavarni. *Paris, Lavigne*, 1843, in-8, demi-rel. dos et coins de mar. vert, dos à 5 nerfs, tr. dor. (*A. Bertrand*).

Exemplaire de premier tirage, auquel on a ajouté :
1° 15 figures par Rogier avec ornements en bleu, publiées par Béthune et Plon ;
2° 8 figures en couleurs, d'après E. David. Staal, etc. ;
3° 26 figures gravées sur bois, d'après Bertall, Foulquier, etc. ;
4° 3 figures d'après Gigoux, Devéria et Cuignet.
Ensemble : 52 pièces.

128. **HOMÈRE**. L'Iliade d'Homère, traduite du grec. Deuxième édition, revue et corrigée. *A Paris, de l'imprimerie de Bossange, Masson et Besson*, 1809, in-4 à 2 col., mar. rouge, dos orné, fil., dent. int., tr. dor.

Exemplaire unique, contenant :
25 figures de Marillier, gravées par N. Ponce, J.-L. Delignon, Ph. Trière, et Dambrun.
3 figures de Cochin, gravées par A. Romanet.
24 figures de B. Picart.
2 figures de Coypel, gravées par G. Malpeyre.
8 figures de Malpeyre.
40 figures de Flaymann, Réveil.
21 figures diverses de Lemud, etc., etc.
Ensemble : 123 pièces.

129. **Homère**. Odyssée. Traduction nouvelle, avec arguments et notes explicatives par Emile Pessonneaux. *Paris, Charpentier*, 1866, in-12, demi-rel. dos et coins de mar. vert, tr. dor.

Exemplaire auquel on a ajouté :
1° La suite remontée de 24 figures par Farret, gravées par Jonghe et V. Buysen ;
2° 10 figures sur bois.

130. **La Fontaine**. Fables de La Fontaine, précédées d'une notice par C.-A. Sainte-Beuve, de l'Académie française.

Gravures de T. Johannot. *Paris, Furne, Jouvet et Cie,*
1875, in-8, fig., demi-rel. dos et coins de mar. rouge, dos
orné, fil. sur les plats et aux angles, tête dor., non rog.

Exemplaire contenant :
1° 1 portrait de La Fontaine (édit. Furne) :
2° 8 figures de Tony Johannot ;
3° La suite des 12 figures in-8 en travers, dessinées par Percier, et gravées par Duparc, Girardet, Massard et autres ;
4° La suite de 12 figures gr. in-8 de Moreau le jeune ;
5° 4 figures de Moreau (édit. Furne) ;
6° 15 figures in-8 (sur 16), de Perdoux ;
7° La suite de 12 figures in-8, dont 1 portrait historié, par Bergeret ;
8° 1 portrait de La Fontaine, 1 portrait de Mme de La Sablière, et 6 figures de Staal (édit. Garnier frères).
Ensemble : 72 pièces.

131. **LE SAGE**. Histoire de Gil Blas de Santillane ; par Lesage. *A Londres, chez Longman, Hurst, Rees, et Orme (de l'impr. de T. Davison),* 1809, 4 vol. in-8, fig., demirel. dos et coins de mar. vert. dos ornés et mosaïqués, têtes dor., non rog. *(Thierry, succ^r de Petit-Simier).*

Edition rare, ornée de 24 figures hors texte par Smirke, gravées par Armstrong, Fittler, Golding, Neagle, Parker, et Raimbach.
Exemplaire auquel on a ajouté :
1° La suite de 33 gravures in-8, de Camaron, pour une édition de Madrid. 1797 ;
2° 31 figures (sur 32), dont 4 signées Dubercelle ;
3° La suite de 4 gravures in-18, d'Uwins (épreuves sur Chine avant la lettre) ;
4° 4 figures par Castelle ;
5° La suite de 7 gravures in-18, dont 1 frontispice, de Chaillou et A. Kauffmann, gravées par Bovinet et Copia ;
6° La suite de 8 gravures in-18, de Desenne, dont 4 fleurons de titres (ceux-ci en 2 états, avant et avec la lettre), épreuves sur Chine ;
7° La suite de 6 gravures in-8, dont 1 portrait. par Staal, publiée par Garnier frères ;
8° La suite de 20 gravures in-8, de Gavarni, gravées sur acier par Outhwaite, Ch. Colin, Ed. Willmann, Ferd. Delannoy, Gervais, Nargeot, et publiées par Morizot ;
9° 1 portrait et 8 gravures, de Smirke, Leloir, etc. (édition Furne) ;
10° 28 figures (sur 29 ; manque le portr.) de Monnet (édition in-18 de 1796) ;
11° 15 figures in-12 et in-18, non signées, du XVIIIe siècle.
Toutes ces suites, sauf celles de Camaron. Staal, Gavarni, Smirke (éd. Furne), ont été remontées, dans le format de l'édition.
Ensemble : 169 pièces ajoutées.

132. **LE SAGE** (A.-R.). Le Diable boiteux, avec une préface par H. Reynald, doyen de la Faculté des Lettres d'Aix. Gravures à l'eau-forte par Ad. Lalauze. *Paris, Librairie des Bibliophiles*, 1880, 2 vol. in-12, mar. rouge, dos ornés aux petits fers, fil., dent. intér., tr. dor. sur broch. (*Marius-Michel*).

L'un des **20** exemplaires sur grand **papier Whatman** (n° 5o), contenant la suite des figures en double épreuve, avant et avec la lettre, et auquel on a ajouté :

1° 9 dessins de Henri Pille, gravés par Monziès, épreuves avant la lettre ;

2° 4 figures de Los Rios, épreuves avant la lettre sur Japon ;

3° 2 figures de Staal :

4° Le titre et 13 figures de l'édition de 1758.

Ensemble : 29 pièces ajoutées.

133. **LONGUS**. Daphnis et Chloé ou les Pastorales de Longus. Traduites du grec par J. Amyot. Nouvelle édition revue, corrigée et complétée. *Paris, Leclère*, 1863, pet. in-8, pap. vergé, front. et vign. gr., mar. brun, dos orné de fleurs de lys, compart. de fil. et milieux dorés, dent. int., tr. dor.

Exemplaire auquel on a ajouté :

3o figures de Coypel et le Régent, gravées par Audran et Vidal ;

10 figures de Prudhon Gérard ;

4 figures de Monsiau, etc., gravées par Dupréel, etc.

18 figures diverses, gravées par Fokke, Scottin, etc.

2 photographies.

Ensemble : 64 pièces ajoutées.

134. **LOUVET DE COUVRAY**. Les Amours du Chevalier de Faublas ; par J.-B. Louvet. Troisième édition, revue par l'auteur. *Se vend à Paris, chez l'Auteur, an VI de la République* (1798), 4 vol. in-8, veau marb., dos ornés, tr. rouges (*Rel. anc.*).

27 figures par Demarne, Dutertre, Mlle Gérard, Marillier, Monsiau et Monnet, gravées par Baquoy, Choffard, Courbe, Dambrun, de Launay, Delvaux, Dupréel, de Ghendt, Giraud, Halbou, Lemire, Patas, Saint-Aubin, Tilliard, Trière et Viguet.

Exemplaire auquel on a ajouté :

1° 1 **dessin original de M**^{lle} **Gérard** ;

2° La suite de 20 gravures in-8 de Camille Rogier et Marckl.

135. **MONTESQUIEU**. Le Temple de Gnide. *Paris, Didot jeune*, an III (1794), gr. in-8, pap. vél., fig., demi-rel. dos et coins de mar. rouge, dos orné, tête dor., non rog.

> Exemplaire contenant :
> 1° 1 frontispice renfermant le portrait de Montesquieu en médaillon et 9 figures d'Eisen gravées par Le Mire, plus 1 figure de Le Barbier, gravée par Le Mire, pour *Arsace et Isménie* ;
> 2° 3 portraits de Montesquieu, par Chaudet, gravé, par Tardieu ; par Legrand, et par Pourvoyeur ;
> 3° 12 figures in-18, par Regnault et Lebarbier, épreuves avant la lettre ;
> 4° 7 figures, par Monnet ;
> 5° 10 figures, par Prudhon, Girodet, Moreau, épreuves avant la lettre ;
> 6° 7 lithographies, en noir et en couleurs, d'après Peyron, dont 4 en un état ; 1 en deux états ; et 2 en trois états.
> Ensemble : 55 pièces.

136. **MUSSET** (Alfred de). **Œuvres complètes**, avec lettres inédites, variantes, notes. index. fac-similé, notice biographique par son frère. Edition dédiée aux amis du poète, ornée de 28 dessins de M. Bida et d'un portrait d'Alfred de Musset, d'après l'original de M. Landelle, gravés sur acier sous la direction de M. Henriquel Dupont, par les premiers artistes. *Paris. Charpentier*, 1866, 10 vol. gr. in-8, demi-rel. dos et coins de mar. bleu, dos ornés à petits fers et mosaïqués, tête dor., non rog. (*David*).

> Edition des amis du poète sur papier de Hollande, contenant la suite des 28 figures de Bida, épreuves avant la lettre sur Chine, avec les légendes sur papier lilas.
> **Bel exemplaire** auquel on a ajouté :
> 1° 1 portrait d'Alfred de Musset d'après Landelle, photographié par Bertsch et Arnaud ;
> 2° La suite de 42 eaux-fortes composée par Henri Pille et gravée par Louis Monziès ;
> 3° **30 aquarelles** et **dessins originaux** inédits par **Ostolle, Coindre**, etc.

137. **Perrault** (Les Contes de), précédés d'une préface par P.-L. Jacob, bibliophile, et suivis de la Dissertation sur les Contes de Fées. par le baron Walckenaer. Douze eaux-fortes par Lalauze. *Paris, Librairie des bibliophiles*, 1876,

2 tomes en 1 vol. in-16, pap. de Holl., mar. vert, dos orné à petits fers, dent. int., tr. dor., étui (*Smeers*).

Bel exemplaire, auquel on a ajouté : La suite des 13 eaux-fortes, dessinées par H. Pille et gravées par L. Monziès, épreuves sur Hollande avec la lettre.

138. **PRÉVOST** (l'Abbé). Histoire de Manon Lescaut et du Chevalier des Grieux. (*Paris, A. Leclère*), 1860, 2 vol. in-12, portr. et fig., mar. orange, dos ornés, fil., doublés de mar. vert, ornem. aux angles, doubles gardes, tr. dor. sur brochure (*Brany*).

Très bel exemplaire sur papier vélin, contenant le portrait et la suite des 8 figures de Lefèvre en **3 états**, avec la lettre, avant la lettre sur papier teinté et avant la lettre finement coloriées.

On a ajouté : 1° La suite des 8 figures de Gravelot et Pasquier ;
2° 4 figures de Desenne en 2 états, eau-forte et avant la lettre ;
3° Une figure de Marillier.
Ensemble : 44 pièces.

139. **SCARRON**. Le Roman comique. Edition ornée de figures dessinées par Le Barbier, et gravées sous sa direction. *De l'imprimerie de Didot jeune, à Paris, chez Janet et chez Hubert*, an IV (1796), 3 vol. in-8, fig., demi-rel., dos et coins de mar. rouge, dos ornés et mosaïqués, tête dor., non rognés.

15 figures de Le Barbier, gravées par Baquoy, Dambrun, Duclos, Hubert, Patas, Petit, Romanet et Simonet.
On a ajouté : 1° 1 portrait de Scarron par Deseine, gravé par Bertonnier.
2° La suite de 1 portrait et 9 figures dessinées et gravées à l'eau-forte, par F. Flameng, épreuves sur Hollande avec lettre.
3° La suite de 12 eaux-fortes, dessinées par H. Pille, gravées par Monziès, épreuves sur Hollande.
4° 17 figures gravées sur bois, d'après Bertall.
Ensemble : 55 pièces.

140. **Scarron**. Le Virgile travesti en vers burlesques par Paul Scarron, avec la suite de Moreau de Brasei. Nouvelle édition revue, annotée et précédée d'une étude sur le burlesque par Victor Fournel. *Paris, Adolphe Delahays*, 1858, in-12 à 2 col., demi-rel. dos et coins de mar. rouge, dos orné, tête dor., non rog.

Exemplaire auquel on a ajouté 10 gravures anciennes remontées.

141. **Shakespeare**. Œuvres complètes, traduites par Emile Montégut, et richement illustrées de gravures sur bois. *Paris, L. Hachette et Cie.* 1867-70. 3 vol. gr. in-8 à 2 col., demi-rel. dos et coins de mar. rouge, dos ornés, tête dor. non rog., couvertures.

> 1 portrait et 11 figures ajoutés

141 *bis*. **Swift**. Les Quatre Voyages du Capitaine Lemuel Gulliver, traduction de l'abbé Desfontaines, revue. complétée et précédée d'une notice par H. Reynald. Gravures à l'eau-forte par Lalauze. *Paris, Librairie des Bibliophiles*, 1875, 4 tomes en 2 vol. in-16, pap. de Holl., mar. rouge, dos et angles ornés à petits fers, au pointillé, et mosaïqués de mar. vert, ornem. de fil. droits et courbés sur les plats, dent. int. double gardes, tr. dor.

> Bel exemplaire contenant :
> 1° 9 gravures à l'eau-forte par Lalauze :
> 2° Un frontispice et 8 figures de Lefèvre, pour l'édition de 1797 (Réimpression de Leclère 1860) ;
> 3° 3 figures par Stothard ;
> 4° 3 figures par Gessner ;
> 5° 1 figure par Marillier ;
> 6° 4 figures anciennes avec encadrements, non signées :
> 7° 3 figures non signées, de l'édition originale.
> **Ensemble : 32 pièces.**

142. **TALLEMANT DES RÉAUX**. Les Historiettes de Tallemant des Réaux, troisième édition entièrement revue sur le manuscrit original et disposée dans un nouvel ordre par MM. de Monmerqué et Paulin Paris. *Paris. J. Techener*, 1854-1860. 9 tomes en 10 vol. in-8, demi-rel., dos et coins de mar. rouge, dos fleurdelisés, tête dor., non rog., couv.

> Bel exemplaire sur papier **vergé de Hollande** auquel on a ajouté : **734 figures et portraits** de personnages dont il est parlé dans l'ouvrage.

143. **VIRGILE**. Œuvres de Virgile, traduites en françois, le texte vis à vis la traduction, avec des remarques, par M.

l'abbé des Fontaines. Nouvelle édition. *A Paris, de l'imprimerie de P. Plassan*, an IV (1796, v. st.) 4 vol. in-8, demi-rel., dos et coins de mar. rouge, dos ornés et mosaïqués, tr. dor. (*Adolphe Bertrand*).

> **Exemplaire unique**, contenant :
> 1° 204 figures, culs-de-lampe, etc., d'après l'antique et gravées par Dupréel, etc.
> 2° 6 figures de Moreau, gravées par Simonet, Ponce, etc. ;
> 3° 3 figures de Fiorillo, gravées par Geyser, etc. ;
> 4° 13 figures d'après Gérard, gravées sur bois ;
> 5° 19 figures de Persallier, gravées sur bois ;
> 6° 3 figures d'après Tony Johannot ;
> 7° 10 figures d'après Zocchi, gravées par Baquois.
> **Ensemble : 258 pièces**.

144. **VOLTAIRE**. La Pucelle, poeme en **XXI** chants, avec les notes et les variantes. Edition conforme à l'originale, publiée en 1784. (*Paris*). *De l'imprimerie de la Société littéraire-typographique*, 1789, 2 vol. in-8, mar. vert, fil. épées, couronnes et fleurs de lys sur les dos, fil. sur les plats, épée, couronne et fleurs de lys aux angles, dent. int., tr. dor. (*Allô*).

> Bel exemplaire contenant :
> 1° 2 frontispices libres, non signés ;
> 2° 3 portraits de Voltaire ;
> 3° 1 portrait de Jeanne d'Arc, gravé par Beisson ;
> 4° 3 portraits (Charles VII, Agnès Sorel, le Cte de Dunois).
> 5° 1 frontispice et 18 figures libres, fort jolies et non signées, attribués à Marillier pour le dessin, et à Duflos pour la gravure, et connus sous le nom de *Suite Anglaise* (épreuves de premier tirage ; le frontispice remonté) ;
> 6° 21 jolies vignettes-en-tête par Duplessi-Bertaux non signées (remontées dans le format de l'édition) ;
> 7° 21 figures par Moreau, gravées par Baquoy, Dambrun, Delaunay, Duclos, Halbou, Lemire, de Longueil, Lingée, Masquelier, Patas, Romanet, Simonet, Tardieu et Trière. (Epreuves avant la lettre) ;
> 8° 3 figures de Marillier.
> **Ensemble : 73 pièces**.

145. **YOUNG**. Les Nuits d'Young, suivies des tombeaux et des méditations d'Hervey, etc. Traduction de Le Tour-

neur. Nouvelle édition, ornée des belles vignettes (de Devéria). *Paris, E. Ledoux*, 1824, 2 vol. in-8, demi-rel. mar. rouge à long grain, dos ornés, non rog. (*Thouvenin*).

Exemplaire en grand papier vélin, avec les 2 figures de Devéria en **2 états**, eaux-fortes pures et avec la lettre, tirées sur Chine.

On y a ajouté :

1º Un titre gravé avec vignette, un portrait de Young, et 8 figures de Stothard. *London*, 1798. — 2º 4 figures de Westall, tirées sur Chine avec la lettre.

Ensemble : 18 pièces.

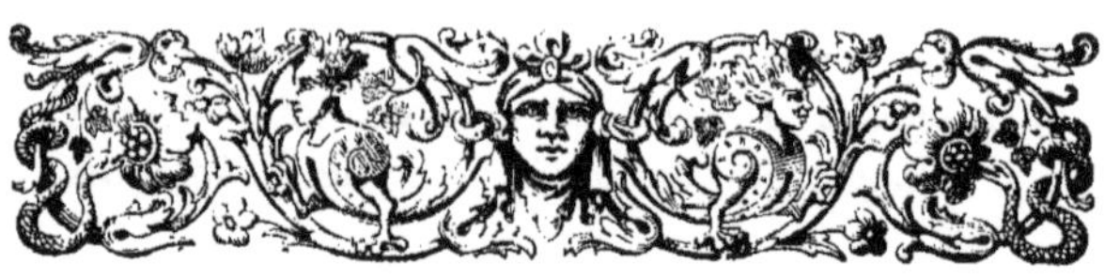

OUVRAGES DIVERS

FACÉTIES - RÉIMPRESSIONS DE GAY
ROMANS - CONTES & NOUVELLES

---

146. **Allut** (P.). Aloysia Sygea et Nicolas Chorier. *Lyon, N. Scheu-ring (impr. de L. Perrin)*, 1862, in-8, pap. vergé, demi-rel. dos et coins de mar. bleu, dos orné. tête dor., non rog.

> Tiré à 112 exemplaires.

147. **Amours des Dieux** (Les). Recueil de compositions dessinées par Girodet. et lithographiées par MM. Aubry le Comte, Chatillon. Counis. Coupin de Lacouprie, Dassy, Dejuinne, Delorme, Lancrenon, Monanteuil et Pannetier, ses élèves ; avec un texte explicatif rédigé par M. P. A. Coupin. *Paris, Engelmann et Cie*, 1826. in-fol., 16 planches sur Chine monté, demi-rel. mar. vert, dos orné, tr. peig.

> On a relié à la suite :
> Les Argonautes selon Pindare, Orphée et Apollonius de Rhodes, en vingt-quatre planches, inventées et dessinées par Asmus Jacques Carstens, et gravées par Jos. Koch. *Rome, Th. Piroli*, 1794.

148. **Anecdotes piquantes de Bachaumont. Mairobert**, etc., pour servir à l'histoire de la société française à la fin du règne de Louis XV (1762-1774) avec des notes et une table bio-bibliographique ; publiées par Jean Gay. *Bruxelles, Gay et Doucé*, 1881, pet. in-8, pap. de Holl., front. gravé, sur Chine, br.

149. **Angotiana**. Le Nouvel Angotiana, ou Recueil de bons mots attribués à la famille des Angots. *A Lille, chez Blocquel, imprimeur, s. d.*, in-32. demi-rel. chag. rouge.

> Curieuse figure coloriée, avec cette légende : « J'sis Madame Angot peut-être ».

150. Apulée. L'Ane d'Or, ou la Métamorphose, traduction de Savalète, préface de J. Andrieux, avec nombreuses gravures dessinées par A. Racinet et P. Bénard. *Paris, A. Firmin Didot,* 1872, in-8 raisin, pap. vél., titre r. et n., texte avec encadrem. de fil. r. et n., demi-rel. dos et coins de mar. violet, dos orné avec attributs, tête dor., non rog., couv. au millésime de 1869 (*Allô*).

> Bel exemplaire, sans les retranchements de texte.

151. Arétin. Œuvres choisies, traduites de l'Italien, pour la première fois, avec des notes, par P.-L. Jacob, bibliophile, et précédées de la vie abrégée de l'auteur, par Dujardin, d'après Mazzuchelli. *Paris, Ch. Gosselin,* 1845, in-12, demi-rel. dos et coins de chag. bleu, dos orné d'un semis de A. dor., tr. peig.

152. Arétin. Sept petites nouvelles de Pierre Arétin concernant le jeu et les joueurs, traduites en français pour la première fois et précédées d'une étude sur l'auteur et sur divers conteurs italiens, par Philomneste junior (G. Brunet). *Paris. chez Jules Gay,* 1861, pet. in-12, demi-rel. dos et coins de mar. rouge, tête dor., non rog. (*Ad. Bertrand*).

> Orné de : 1 photographie de P. Aretino par le Titien, du même portrait, gravé, et d'un portrait en pied, par Devéria.
> Tiré à petit nombre (n° 207).

153. Chasles (Philarète). L'Arétin, sa vie et ses écrits. *Imprimé par les presses de la Société des Bibliophiles Cosmopolites. A Neuchatel, mai 1873,* in-16, pap. de Holl., demi-rel. dos et coins de mar. rouge, tête dor., non rog. (*Petit-Simier*).

> Tiré à 100 exemplaires numérotés seulement, pour les membres de la Société des Bibliophiles Cosmopolites (n° 78).

154. Arioste. Roland furieux. Poème héroïque traduit par A.-J. du Pays et illustré par Gustave Doré. *Paris, Hachette et Cie,* 1879, in-fol., cart. toile rouge de l'édit.

> Exemplaire de premier tirage.

155. Arlotto. Les Contes et facéties d'Arlotto de Florence, avec introduction et notes par P. Ristelhuber. *Paris, Alphonse Lemerre,* 1873. in-18, pap. vergé. demi-rel. dos et coins de mar. vert. dos orné, tête dor., non rog. (*David*).

156. Art (L') d'être heureux, ou l'origine de la Gale (suivi de l'origine de la Chauffrette), poème héroï-comique, par M. N. C......

Seconde édition. *Paris, chez l'Editeur*, 1817, in-8 de 40 pp., demi-rel. dos et coins de chag. rouge, dos orné, tr. peig.

2 curieuses figures non signées.

157. Auberval (D. B. d'). Contes en vers érotico-philosophiques. *Bruxelles, imprimerie de Demanet*, 1818, 2 vol. in-8, demi-rel. dos et coins de mar. rouge, tête dor., non rog.

Edition originale.

158. Aulnoy (Comtesse d'). Mémoires de la Cour d'Espagne (par la Comtesse d'Aulnoy). *A La Haye, chez Adrian Moetjens*, 1691. 2 part. en 1 vol. pet. in-12, mar. rouge, dos orné, fil. dent. int., tr. dor. (*Bound by F. Bedford*).

159. BALZAC (H. de). La Peau de Chagrin. Etudes sociales. *Paris, H. Delloye et V. Lecou*, 1838, gr. in-8, vignettes d'après les dessins de Gavarni, Baron, Janet-Lange, etc., demi-rel. mar. vert, dos orné, tr. dor.

Exemplaire de premier tirage.

160. Balzac (H. de). Petites Misères de la vie conjugale, illustrées par Bertall. *Paris, Chlendowski, s. d.* (1845). gr. in-8, demi-rel. dos et coins de mar. bleu, dos orné, tête dor., non rog.

Exemplaire de premier tirage.

161. Barbier (Auguste). Iambes. *Paris, Urbain Canel et Ad. Guyot*, 1832, in-8, demi-rel. dos et coins de mar. vert, dos orné. tête dor.

Edition originale, contenant le poème la *Tentation* et la préface attribuée à Philarète Chasles, qui n'ont pas été réimprimés dans les autres éditions.

162. Baschet (Armand). La Diplomatie Vénitienne. Les Princes de l'Europe au XVI siècle. François Ier — Philippe II — Catherine de Médicis — Les Papes — Les Sultans, etc., etc., d'après les rapports des Ambassadeurs Vénitiens. *Paris, H. Plon*, 1862. in-8, nombreux fac-simile, demi-rel. dos et coins de mar. rouge. tête dor., non rog. (*Petit-Simier*).

163. BASCHET (Armand). Le Roi chez la Reine, ou histoire secrète du mariage de Louis XIII et d'Anne d'Autriche, d'après le journal de la santé du roi, les dépêches du nonce et autres pièces d'Etat.

Paris, A. Aubry, 1864, in-8, mar. rouge, large dent. int., tr.
marb.

Tiré à petit nombre.
Exemplaire sur papier vélin, auquel on a ajouté : 3 figures anciennes
et 16 portraits anciens de personnages dont il est question dans l'ouvrage.

164. **Batacchi**. Nouvelles de Batacchi ; littéralement traduites pour
la première fois. *Imprimé aux frais du Traducteur, et se vend
à Paris, chez Isidore Liseux*, 1880-82, 2 vol. pet. in-8, demi-
rel. dos et coins de mar. brun, dos ornés, têtes dor., non rog.
(*Trioullier, succ* de Petit-Simier*).

Tiré à 225 exemplaires (n° 68). Contenant :
La vie et la mort du Prêtre Ulivo. — Le roi Barbadicane et Grâce. —
Elvira.— La Gageure. — Le faux Séraphin.— Le roi Grattafico. — Lais-
sons les choses comme elles sont. — Fra Pasquale.
Les toc-toc de Saint Pascal. — Le mort à cheval. — Madame Lorenza.
— Le roi Bischerone. — Donna Chiara. — La nuit des rois. — Mustapha.

165. **Bibliographie.** 5 vol. in-8 et in-12, rel. et br.

Dissertation sur l'Alcibiade fanciullo a scola, traduite de l'Italien de
Gramb. Baseggio, et accompagnée de notes et d'une postface, par un
bibliophile français (Gustave Brunet). *Paris, J. Gay.* 1861, in-12, pap. de
Holl., demi-rel. mar. rouge, tête dor., non rog., couv. (Tiré à 254 exempl.
N° 18). — Bibliographie anecdotique et raisonnée de tous les ouvrages
d'Andréa de Nerciat, par M. de C***. bibliophile anglais. *Londres, J.-A.
Hoogs*, 1876, in-12. port., br., couv. (Tiré à 150 exemp.). — Lettre sur le
roman intitulé : Justine ou les malheurs de la vertu, par Charles Villers.
Paris, J. Baur, 1877, in-16, br., couv. (Tiré à 150 exemp. pap. vergé). —
Rétif de la Bretonne et le Pornographe. étude critique, par le Docteur
H. Mireur. *Bruxelles, Gay et Doucé*, 1879. pet. in-8, pap. de Holl., front.
à l'eau-forte par Chaudet, br. (Tiré à 150 exemp. N° 17). — La Bibliographie Jaune, précédée d'une dédicace à tous les auteurs qui ne sont pas
jaunes, et d'un prologue d'Alcofribas, et d'une étude historique et littéraire sur le jaune... conjugal. depuis sa découverte jusqu'à nos jours, par
l'apôtre bibliographe (Laporte). *A Cocupolis et à Paris*, 1880, in-8, pap.
teinté, demi-rel. chag. rouge, non rog.

166. **Blessebois** (Pierre Corneille). Alosie, ou les amours de M*me*
de M. T. P., avec une Notice historique sur Pierre Corneille Blessebois, par Marc de Montifaud. *Paris, imprimerie F. Debons
et Cie*, 1876. pet. in-8, titre r. et n., demi-rel. dos et coins de
mar. rouge. tête dor., non rog. (*Smeers*).

Tiré à 300 exemplaires numérotés sur papier de Hollande (n° 201).

167. **Borel** (Petrus). Champavert, contes immoraux par Petrus
Borel le lycanthrope. Eaux-fortes par M. Adrien Aubry. *Bruxelles, J. Blanche*, 1872, pet. in-8, pap. de Hollande, demi-rel. dos
et coins de mar. vert, dos orné, tête dor., non rog.

Tirage à 205 exemplaires (n° 5).

4

168. **Brillat-Savarin**. Physiologie du goût. Illustrée par Bertall, précédée d'une notice biographique, par Alphonse Karr. Dessins à part du texte, gravés sur acier par Ch. Geoffroy, gravures sur bois, intercalées dans le texte, par Midderigh. *Paris, Gabriel de Gonet, s. d.* (1848), in-8, demi-rel. chag. La Vallière, dos orné, plats toile, tr. dor.

Exemplaire de premier tirage.

169. **Brunet** (Gustave). La Papesse Jeanne, étude historique et littéraire, par Philomneste Junior (Gustave Brunet). Edition augmentée et illustrée de curieuses gravures sur bois des XVe et XVIIIe siècles. *Bruxelles, Gay et Doucé*, 1880, pet. in-8, pap. vél. teinté, demi-rel. dos et coins de chag. brun, tête dor., non rog.

Tiré à 500 exemplaires numérotés (n° 98).
On y joint : Histoire du pape Alexandre VI et de César Borgia, par E.-M. Masse. *Paris, J. Lefebvre et Cie*, 1830, in-8, demi-rel. mar. citron, tr. peig.

170. **Cabinet satyrique** (Le), ou Recueil parfaict des vers piquants et gaillards de ce temps tiré des secrets cabinets des sieurs de Sygognes, Regnier, Motin, Berthelot, Maynard et autres des plus signalez poëtes de ce siècle. Nouvelle édition complète, revue sur les éditions de 1618 et de 1620 et sur celle dite du Mont-Parnasse, sans date. *S. l. (Bruxelles, Poulet-Malassis ?)*, 1864, 2 vol. in-12, pap. vergé, demi-rel. dos et coins de mar. rouge, dos ornés, tr. dor.

Frontispice gravé à l'eau-forte par Félicien Rops.

171. **Calembourg en action** (Le). Anecdote tirée des Annales secrètes des chevalières de l'Opéra. Réimpression textuelle précédée d'une notice bibliographique. *Imprimé par les presses de la Société, à Neufchâtel.* 1874, petit in-12, pap. vergé, veau fauve, dos orné, dent. int., tr. dor. (*Petit, succ^r de Simier*).

Réimpression faite par et pour les membres de la Société les Bibliophiles cosmopolites, à 100 exemplaires seulement (n° 78).

172. **Canel** (A.). Recherches historiques sur les Fous des Rois de France et accessoirement sur l'emploi du Fou en général. *Paris, A. Lemerre*, 1873, in-12, demi-rel. mar. La Vallière, dos orné, tête dor., non rog. (*Petit-Simier*).

On y joint : Les Fous célèbres, histoire des hommes qui se sont les plus singularisés par leur monomanie, leurs origines et leurs extravagances. *Paris, B. Renault*, 1835, pet. in-8, cart., non rog.

173. **Casti** (Abbé). Nouvelles galantes, traduites pour la première fois. *Paris, Liseur*, 1880, pet. in-8, pap. de Holl., demi-rel. dos et coins de mar. rouge, dos orné, tête dor., non rog. (*Trioullier*).

> Nouvelles contenues dans le volume : L'Epouse cousue. — La Bulle d'Alexandre VI. — La Loterie. — L'Antechrist. — L'Habit ne fait pas le moine — Le Vernis. — Le Miracle. — La Conversion. — La Gageure.
> Tiré à 225 exemplaires (n° 50).

174. **Caylus** (Mme de). Souvenirs de Madame de Caylus. Nouvelle édition avec une introduction et des notes par M. Charles Asselineau. *Paris, J. Techener*, 1860, in-12, mar. orange, milieux dorés, dent. int., tr. dor., couv., étui (*David*).

> Portrait de Madame de Caylus et 4 figures gravés sur acier d'après J. Leman.
> Exemplaire sur papier de Hollande, avec le portrait et les figures en **2 états**, avec et sans cadre.

175. **Cellarius**. La Danse des Salons. Dessins de Gavarni, gravés par Lavieille. Deuxième édition. *Paris, chez l'auteur*. 1849, in-8, planches hors texte, demi-rel. dos et coins de chag. rouge, dos orné à petits fers, fil. sur les plats, tête dor., non rog.

176. **Choix de Mazarinades**, publié pour la Société de l'Histoire de France, par C. Moreau. *Paris, Jules Renouard et Cie*, 1853. 2 vol. in-8, papier vergé, demi-rel. dos et coins de mar. rouge, dos ornés, têtes dor., non rog. (*Petit, succ^r de Simier*).

177. **Collé**. Parades inédites de Collé ; 1° le Mariage sans curé ; 2° la Guinguette ; 3° Léandre étalon. Publiées textuellement d'après les manuscrits de l'auteur, sans notes. *Hambourg et Paris, chez les principaux libraires (Bruxelles)*, 1864, pet. in-12, pap. de Holl., demi-rel. dos et coins de mar. bleu, dos orné, tête dor., non rog.

> Tiré à 204 exemplaires (n° 29).

178. **Collé**. Recueil complet des Chansons de Collé. *A Hambourg. et à Paris, chez tous les marchands de nouveautés*. 1807. 2 tomes en 1 vol. in-18, mar. rouge, dos orné à petits fers et au pointillé, fil. à la Du Seuil, dent. int., tr. dor. (*Cuzin*).

> Bel exemplaire.

179. **Collection des Auteurs Latins**, avec la traduction en français, publiée sous la direction de M. Nisard. *Paris, Dubochet.—*

Firmin Didot, 1850-56, 2 vol. gr. in-8 à 2 col., demi-rel. chag. vert, dos ornés.

> Œuvres complètes d'Horace, de Juvénal, de Perse, de Sulpicia, de Turnus, de Catulle, de Properce, de Gallus et Maximien, de Tibulle, de Phèdre et de Syrus. — Théâtre complet des Latins comprenant Plaute, Térence et Sénèque le tragique.

180. **Collection des vies**, confession et mémoires de la famille royale de France. *A Paris, chez tous les libraires qui vendent les nouveautés*, 1790, 2 tomes en 1 vol. in-8, portr. et fig. demi-rel. dos et coins de mar. rouge, tête dor. (*Thierry, succ^r de Petit-Simier*).

> « Le premier volume contient les deux parties de l'Essai historique sur la vie de Marie-Antoinette, reine de France. — Le premier et second Mémoires justificatifs de Mme la Comtesse de la Motte, qui renferment le grand Rôle que la Reine a joué dans l'affaire du Collier avec le Cardinal de Rohan, etc., le second contient la Vie de Louis XVI, roi des François. —la Confession du Comte d'Artois,—La Vie privée du Duc de Chartres ».

181. **Commerson** et **H. Maxance**. Le Code civil dévoilé, dédié aux Emballeurs, aux Réfugiés Polonais et aux Gardes nationaux sans ouvrage, et notamment aux Licenciés de l'Ecole de Droit, pour cause d'incapacité notoire, par Commerson et H. Maxance, Jurisconsultes du Tintamarre. *Paris, Martinon*. 1854, in-16, demi-rel. mar. rouge, tête dor., non rog. (*Petit-Simier*).

> Exemplaire tiré sur papier jaune, avec cet Envoi autographe :
> *L'Auteur à son bien aimé fils,*
> *Léon Rossignol qui se pénétrera des maximes contenues en ce livre.*
>
> COMMERSON.

182. **Contes et Nouvelles en vers** par Voltaire, Vergier, Sénécé, Perrault, Moncrif, et le P. Ducerceau.—Contes et nouvelles en vers par Grécourt, Saint-Lambert, Champfort, Piron, Dorat, La Monnoye, et François de Neufchâteau. *A Paris, Leclère fils*, 1862, 2 vol. pet. in-8, mar. rouge, dos ornés aux petits fers, fil. sur les plats, dent. int., tr. dor (*Petit*).

> Vignette en tête de chaque conte ou nouvelle.

183. **Contes nouveaux en vers**, suivis de quelques pièces fugitives. *A Maestricht, chez J.-E. Dufour et Ph. Roux*, 1775, in-8, demi-rel. mar. vert. tête dor., non rog.

184. **Coras** (Jean de). Arrest mémorable du Parlement de Tolose : contenant une histoire prodigieuse, de nostre temps, avec cent et onze belles, et doctes annotations : dont les onze ont esté nouvellement adioustées, sur le procez de l'execution dud.(it) Arrest; par Monsieur M. Jean de Coras. Item, les douze reigles du seigneur

Jean Pic, de la Mirandole, lesquelles adressent l'home au combat spirituel : traduites de latin en françois par ledit de Coras. *A Lyon, par Antoine Vincent*, 1565, in-12, mar. rouge, dos orné aux petits fers, fil. dent. int., tr. dor. (*Brany*).

Volume de toute rareté.

185. Crébillon fils. Contes dialogués, avec une Notice bio-bibliographique, par Octave Uzanne. *Paris, Quantin*, 1879, pet. in-8, pap. de Holl., portr., fac-simile, en-tête et cul-de-lampe à l'eauforte, demi-rel. mar. bleu, fil., tête dor., non rog. (*Frans*).

Exemplaire auquel on a ajouté : la suite de 1 frontispice et 5 figures dessinés et gravés à l'eau-forte par Milius.

186. Crimes des Empereurs Turcs (Les), depuis Osman Ier jusqu'à Sélim IV, avec gravures. (Par Louis La Vicomterie de Saint-Samson, et attribué aussi à L. Prudhomme). *A Paris, au bureau des Révolutions de Paris*, an III, in-8, demi-rel. mar. rouge, dos orné de fleurs de lis, tr. peig.

5 figures gravées hors texte.

187. Dante. L'Enfer de Dante Alighieri, avec les dessins de Gustave Doré ; traduction française de Pier-Angelo Fiorentino, accompagnée du texte italien. *Paris, L. Hachette et Cie*, 1865, in-folio, cart. toile rouge de l'édit.

76 compositions de Gustave Doré.
Exemplaire de premier tirage.

188. Daudiguier. Histoire des amours de Lysandre et de Caliste. *A Amsterdam, chez Jean de Ravestein*, 1663, pet. in-12, titre gr. et figg., veau fauve, fil., tr. peig.

Cette édition du roman de H. Daudiguier est très jolie et se rencontre rarement, Millot a démontré qu'elle sort des presses elzeviriennes d'Amsterdam (*Willems*, n° 1309).
Exemplaire aux armes du Marquis de la Grange.
Raccommodage en haut de la marge du 1er feuillet de la dédicace.

189. Delvau (Alfred). Dictionnaire ér..... moderne, par un professeur de la langue verte (Alfred Delvau), 2e édition, revue, corrigée, considérablement augmentée par l'auteur, et enrichie de nombreuses citations. *Neuchatel, imprimerie de la Société des bibliophiles cosmopolites*, 1874, pet. in-12, front. gr. à l'eauforte par F. Rops, mar. vert jans., dent. int., tr. dor. (*A. Bertrand*).

L'un des **100** exemplaires numérotés sur **papie** **vélin anglais** (n° 56), contenant le frontispice en **2 états** en sanguine et en noir.

190. **Denon** (Vivant). Point de lendemain, conte, suivi de la Nuit merveilleuse. *Paris*, 1777-1867, in-32, titre r. et n., front. à l'eau-forte tiré sur Chine, demi-rel. dos et coins de chag. orange, dos orné, tr. dor.

> Tiré à 261 exemplaires numérotés (no 96).
> L'un des 230 sur papier fin de Hollande.

191. **Descartes**. OEuvres philosophiques de Descartes, publiées d'après les textes originaux, par L. Aimé Martin. *Paris, Auguste Desrez*, 1839, gr. in-8 à 2 col. demi-rel. chag. bleu foncé, dos orné, tr. peig.

192. **Divers**. 10 vol. in-8 et in-12, demi-rel. mar.

> La Puce de Madame Déroche.—Pigault-Lebrun. L'Enfant du Carnaval.
> — Manuel de santé tintamarresque.—Mémoires de B. Franklin.— La Lé-
> gende de S. Pierre, évêque de Rome. — Frère Jean. Du neuf et du vieux.
> —Teinturier. Les Skoptzi. — Spuller. Ignace de Loyola et la Compagnie
> de Jésus. — Mercier. Explication de la maladie de J.-J. Rousseau. —
> Langlois. Un chapitre inédit de la question des lieux saints.

193. **Divers**. 9 vol. ou broch. in-8 et in-12.

> Bain. La Science de l'Éducation. — Verrier. Baptême intra-utérin. —
> Jeanne d'Arc n'a point été brûlée à Rouen. — Carel. Folles de leur corps.
> —Carel. Les Brasseries à femmes de Paris.—Catéchisme du curé Meslier.
> —Curiosités de l'histoire des croyances populaires au Moyen-Age.— Let-
> tres grecques du rhéteur Alciphron. — Récit de la révolte des Strélitz.

194. **Dulaure** (J.-A.). Histoire abrégée des différents cultes. Se-conde édition, revue, corrigée et augmentée. *Paris, Guillaume*, 1825, 2 vol. in-8. demi-rel. veau brun, dos ornés, tr. marb. (*Rel. de l'époque*).

> Le tome 1er contient : Des Cultes qui ont précédé et amené l'idolatrie,
> ou l'adoration des figures humaines. Le tome II : Des Divinités généra-
> trices chez les anciens et les modernes.

195. **Dulaure** (J.-A.). Singularités historiques, contenant : ce que l'histoire de Paris et de ses environs offre de plus piquant et de plus extraordinaire. *Paris, Baudouin frères*, 1825, in-8, fig., demi-rel. dos et coins de mar. rouge, dos orné, fil. sur les plats et aux angles, tête dor., non rog.

196. **Dumas fils** (Alexandre). La Dame aux Camélias. Préface de Jules Janin. Édition illustrée par Gavarni. *Paris, Librairie Moderne, G. Havard*, 1858, gr. in-8, demi-rel., dos et coins de mar. rouge, dos orné, fil. sur les plats et aux angles, tr. dor. (*Smeers*).

> Première édition illustrée.
> Exemplaire auquel on a ajouté un article de 4 pag. (avec portrait)
> contre Alex. Dumas fils, extrait du « Trombinoscope », et 1 dessin en
> couleurs de Gill, extr. de la « Lune ».

197. Du Méril (Edélestand). Etudes sur quelques points d'Archéologie et d'Histoire littéraire. *Paris, A Frank*, 1862, in-8, demirel. veau rouge, dos orné, tête peign., non rog.

198. Dupré de Saint-Maure (P. J. Emile). Anthologie russe, suivie de Poésies originales, dédiée à S. M. l'Empereur de toutes les Russies. *Paris, C. J. Trouvé*, 1823. in-8, demi-rel. mar. rouge, tr. dor. (*A. Bertrand*).

199 Dupuis (Ch.-Franç.). Abrégé de l'origine de tous les cultes. *Paris. H. Agasse*, an VI (1798), in-8, demi-rel. chag. rouge, plats toile.

> On y joint : La Bible enfin expliquée par plusieurs aumôniers de S. M. L. R. D. P. (par Voltaire). Nouvelle édition, revue, corrigée et considérablement augmentée par les mêmes auteurs. *Londres*, 1777, 2 tomes en 1 vol. in-8, demi- rel. dos et coins de mar. rouge, tr. dor. (*A. Bertrand*).

200. Ecrin du Bibliophile. Les Après-Soupers, par l'auteur de Trois dizains de Contes Gaulois. Illustrations de Henriot. — Les Bijoux des Neuf Sœurs. Illustrations de Cortazzo. *Paris, E. Roureyre et G. Blond.* 1883-1884, 2 vol. in-12. pap. vergé, br., couv., impr. en couleurs.

201. EMAUX DE PETITOT (Les) du Musée impérial du Louvre. Portraits de personnages historiques et de femmes célèbres au siècle de Louis XIV, dessinés par M. Alph. Regnault et gravés au burin par M. L. Ceroni. *Paris, Blaisot*, 1862-1864, 2 vol. in-4, demi-rel. dos et coins de mar. rouge, dos ornés aux petits fers, fil. sur les plats et aux angles, têtes dor., non rog., couvertures. (*Cuzin*).

> Texte par MM. Ch. Asselineau, Ed. de Barthelemy. H. Bordier Em. Chasles, Ern. Chesneau. A. Constantin. Ch. Desmaze, Desnoiresterres, Gindre de Mancy, J. Girardin, Joannis Guigard, Ch. Joliet, Léo Joubert, Alf. Lemoine, Le Roux de Lincy, Letellier, Livet, Merlet, L. Moland, Léop. Monty, Charles de Mony, Ch. Périgot, A. Roux, G. Servois et G. Wattier.
> Exemplaire de premier tirage, orné des **50** portraits **avant la lettre** sur **Chine** collé.

202. Esternod (d'). L'Espadon satyrique par le Sieur d'Esternod. Réimpression faite sur l'édition de Lyon, 1620, collationnée et complétée sur les autres éditions du même ouvrage, et augmentée d'un avant-propos. *Bruxelles, Imprimerie de A. Mertens et fils*, 1863, petit in-12. pap. vergé. mar. rouge, dent. int., tr. dor. (*David*).

> Réimpression faite pour une société de bibliophiles, à 102 exemplaires (n° 43).

203. **Facéties**. 6 vol. in-18.

> Contes à rire, ou le préservatif contre l'ennui. — Les perfidies assas-
> sines, crimes escroqueries d'un bambocheur du grand ton. 1820. — Cléon,
> ou apologie d'une partie de l'histoire naturelle, 1770. — Histoire morale
> du prince Totoutard, 1802. — Les Nouvelles tragi-comiques de Scarron.
> 1781, 2 vol.

204. **FACÉTIES RÉVOLUTIONNAIRES** contre Marie-Antoi-
nette, publiées par *Gay*. 1871-1873, 2 vol. in-18, pap. vergé,
mar. rouge, dos ornés aux petits fers et mosaïqués, 3 fil., dent.
int. têtes dor., non rog. (*Allô*).

> Réimpressions tirées à 100 exemplaires (n°ˢ 78).
> Confession de Marie Antoinette à M. de Talleyrand-Périgord suivie de
> la Confession dernière et Testament de Marie-Antoinette. — La Ribaude
> du Palais-Royal. — La journée amoureuse ou les derniers plaisirs de
> Marie-Antoinette. — Les amours de Charlot et Toinette, précédés de
> l'Autrichienne en goguettes. — Soirées amoureuses du général Mottier et
> de la belle Antoinette. — Le Godmiché royal, suivi du Mea Culpa, et de
> deux autres pièces revolutionnaires : la Garce en pleurs, et les Derniers
> soupirs de la Garce en pleurs. — Le Branle des Capucins ou le 1001ᵉ tour
> de Marie-Antoinette. — Le Bordel royal suivi du bordel national.

205. **Feydeau** (Ernest). Fanny, étude (préface de J. Janin). *Paris,
Amyot*, 1858, in-8 raisin, titre r. et n., demi-rel., dos et coins
de mar. bleu, tête dor., non rog. (*Smeers*).

> Édition originale. — Tiré à 100 exemplaires numérotés sur papier de
> Hollande. (n° 58).

206. **Firenzuola** (Nouvelles de Agnolo). Moine Bénédictin de Val-
lombreuse (XVIᵉ siècle). Traduites en Français pour la première
fois, par Alcide Bonneau. *Paris, Liseux*, 1881, in-16, pap. vergé
teinté, demi-rel. dos et coins de mar. vert, dos orné et mosaïqué,
fil. sur les plats, tête dor., non rog. (*Trioullier*).

> Tiré à 225 exemplaires.

207. **Fleur des chansons amoureuses** (La) ou sont comprins
tous les airs de court, recueillis aux cabinets des plus rares
poëtes de ce temps. *A Rouen, chez Adrian de Launay*, 1600
(*Bruxelles. imp. de A. Mertens et fils*. 1866) pet. in-12, pap. de
Hollande, demi-rel. dos et coins de mar. vert. dos orné, fil. sur
les plats et aux angles, tête dor., non rog.

> Tiré à 106 exemplaires (n° 64).

208. **Flore des Serres et des Jardins de l'Europe**, etc. *Gand.
Van Houtte*, 1845-1880, 23 vol. gr. in-8 à 2 col. avec nombr.
planches hors texte color. demi-rel. dos et coins de chag. vert,
dos ornés de fleurs de lis, tête dor., non rog.

209. **Foë** (Daniel de). Robinson Crusoé, par Daniel de Foë. Traduction de Petrus Borel. Enrichi de la Vie de Daniel de Foë, par Philarète Chasles ; de notices sur le matelot Selkirk, sur Saint-Hyacinthe, sur l'île de Juan Fernandez, sur les Caraïbes et les Puelches, par Ferdinand Denis ; et d'une dissertation religieuse par l'Abbé La Bouderie. Orné de 250 gravures sur bois. *Paris, Francisque Borel et Alexandre Varenne*, 1836. 2 vol. in-8, cart.

> Edition rare et très recherchée.
> 2 titres gravés sur bois en plus des titres imprimés, 1 portrait de Daniel de Foë, gravé sur bois d'après Eugène Devéria, et tiré sur Chine volant ; et 250 figures dessinées par Achille et Eugène Devéria, Louis Boulanger, Eugène Isabey, Barye Godefroy Jadin Camille Flers, Napoléon Thomas, Célestin Nanteuil, Jules André, Boisselot, gravées par Porret, Lacoste jeune, Maurisset, Delatte et Chevauchet.

210. **Fournier** (Edouard). L'Esprit des autres, recueilli et raconté par Edouard Fournier, 3e édit., revue et considérablement augmentée. — L'Esprit dans l'Histoire. Recherches et Curiosités sur les mots historiques, 3e édit., revue et considérablement augmentée. *Paris, Dentu*, 1857-1867. 2 vol. pet. in-12, demi-rel, dos et coins de mar., tête dor., non rog.

211. **Fournier** (Edouard). Le Théâtre français avant la Renaissance (1450-1550). Mystères, moralités et farces. Précédé d'une introduction et accompagné de notes pour l'intelligence du texte, par Edouard Fournier. Orné du portrait en pied colorié du principal personnage de chaque pièce, dessiné par MM. Maurice Sand, Allouard et Adrien Marie. *Paris, Laplace, Sanchez et Cie, s. d.* (1873), gr. in-8 à 2 col., demi-rel. dos et coins de mar. rouge, dos orné, fil. sur les plats et aux angles, tête dor., non rogné.

> 20 portraits hors texte.

212. **Galanteriana**, ou choix de propos joyeux et d'anecdotes galantes, anciennes et modernes, nationales et étrangères ; par un ancien capitaine de dragons. *A Paris, chez Mlle Saillard*, 1814, 2 vol. in-12, 2 fig. non sig., demi-rel. chag. vert. tr. jasp.

213. **GALERIE DE M. DE BIÈVRE**, ou Galerie des Calembours, dessinés d'après nature (par Constantin). *Se vend à Paris chez Constantin, chez Depeuille et chez tous les marchands de nouveautés, s. d. (vers 1814)*, 4 livraisons renfermées dans un étui.

> Curieuse collection formée de quatre livraisons de trente-deux tableaux chacune, de la grandeur d'une carte à jouer, et renfermés dans des étuis. Chacun de ces tableaux est une espèce d'énigme, dont on fait un jeu de

société en les donnant à deviner. Une explication des calembours de chaque livraison forme une feuille séparée.

Voici quelques-unes de ces énigmes : Une Carpe entre deux as : Vue de Carpentras — Un moine trainant une table dans une bronette : Le moine charitable (charie table). — Une salle de spectacle construite avec des os de mort : Le théâtre Feydeau (fait d'os). — Une sœur culbutée de dedans une voiture : La sœur converse (qu'on verse).

Les quatre étuis des livraisons sont renfermés dans un seul étui en forme de volume et sur le dos duquel est doré : Galerie de Bièvre.

La troisième livraison renferme le Calendrier, ou Almanach de M. de Bièvre, Evangile, Écriture Sainte, et la liste des saints ; la quatrième livraison : la liste explicative des religieux fournisseurs et employés de M. de Bièvre.

Le titre que nous avons reproduit ci-desus est la première planche de la première livraison. Ces vignettes sont bien dessinées et bien gravées, elles ont été inspirées à Constantin, artiste peintre, par les bons mots de M. de Bièvre, et il a fait graver cette galerie de sujets calambouriques.

Nous n'avons jamais vu signalée cette curieuse collection qui est ici parfaitement conservée.

Manque une planche.

214. Galerie des Etats Généraux (La). (Par le marquis J. P. L. de Luchet, le comte A. de Rivarol, le Comte de Mirabeau, et P. A. F. Choderlos de Laclos). *S. l.*, 1789, 2 vol. — Galerie des dames françaises pour servir de suite à la « Galerie des Etats Généraux » (par J. P. L. de Luchet, P. A. F. Choderlos de Laclos et autres). *A Londres*, 1790, 1 vol. Ensemble 3 vol. in-8, demi-rel., dos et coins de mar. rouge, dos ornés, têtes dor., non rognés. (*Hardy*).

> « Cet ouvrage a été distingué de la foule des brochures qui ont paru en 1789 et en 1790 : les portraits qu'il contient sont en général tracés avec autant de talent que d'impartialité ». La Galerie des dames est fort rare.
>
> Exemplaire avec les 3 *clefs* qui manquent souvent.

215. Galerie historique des portraits des comédiens de la Troupe de Molière, gravés à l'eau-forte sur des documents authentiques, par Frédéric Hillemacher, avec des détails biographiques succints, relatifs à chacun d'eux. Seconde édition. *Lyon, N. Scheuring (impr. L. Perrin)* 1869, in-8, pap. vergé teinté, br., couv.

216. Gaudrioles du XIX° siècle (Les). Chansons joyeuses. *Bâle, Imp. de Bertal*, 1866, 2 tomes en 1 vol. in-18, demi-rel. dos et coins de mar. rouge, tr. dor.

> Tiré à 125 exemplaires sur papier de Hollande. (N° 43).

217. Gautier (Théophile). Le Capitaine Fracasse. Illustré de 60 dessins de Gustave Doré. *Paris, Charpentier*, 1866, gr. in-8, cart. toile noire de l'édit., non rog.

> 60 gravures sur bois tirées à part.
> Premier tirage des figures de Gustave Doré.

218. Giovanni. Nouvelles choisies extraites du Pecorone de ser Giovanni Fiorentino (XIVe siècle), traduites en français pour la première fois par Marcel Lallemend. *Paris, Isidore Liseux,* 1881, in-16, pap. vergé, demi-rel. dos et coins de mar. rouge, dos orné, tête dor., non rog. (*Thierry, succ. de Petit-Simier*).

219. Gœthe. Poésies diverses. Pensées. Divan oriental et occidental avec le commentaire. — Théâtre. 3 vol. — Poëmes et romans. Traduction nouvelle par J. Porchat. *Paris, Hachette et Cie,* 1861-1870. 5 vol. in-8, portr. demi-rel. dos et coins de mar. vert, dos ornés et mosaïqués. tête dor., non rog.

220. Goëthe. Le Renard (Reineke Fuchs), traduit par Edouard Grenier ; illustré par Kaulbach. *Paris, Collection J. Hetzel et Jamar : Michel Lévy frères. s. d.,* (1860) gr. in-8, demi-rel. mar. rouge, dos orné aux petits fers, tête dor., non rog.

221. Gordon (Alexandre). La Vie du pape Alexandre VI et de son fils Cesar Borgia, contenant les guerres de Charles VIII et Louis XII, rois de France, et les principales négociations et révolutions arrivées en Italie depuis l'année 1492 jusqu'en 1506, avec les pièces originales qui ont rapport à l'ouvrage, traduite de l'Anglois. *A Amsterdam, chez Pierre Mortier.* 1732. 2 vol. in-12, portr. d'Alexandre VI et de Cesar Borgia, gr. par Bernaerts, mar. vert, dos ornés. fil.. dent. int., tr. dor. (*Closs*).

Sur les titres, le timbre de M. Pietro Odescalchi.

222. Grandville. Cent Proverbes. *Paris, H. Fournier,* 1845, gr. in-8, fig., demi-rel. dos et coins de mar. vert, dos orné, tr. dor.

Première édition.

223. Grandville. Les Fleurs animées. introductions par Alph. Karr, texte par Taxile Delord. *Paris, Gabriel de Gonet,* 1847, 2 part. en 2 vol. gr. in-8, planches hors texte grav. sur acier et coloriées, demi-rel. dos et coins de mar. rouge, dos ornés et mosaïqués. tr. dor. (*Smeers*).

Exemplaire de premier tirage.

224. Grandville. Un autre monde. Transformations, visions. incarnations, ascensions, locomotions, explorations, pérégrinations, excursions, stations... et autres choses, par Grandville (texte par Taxile Delord). *Paris, H. Fournier,* 1844, in-4, nombr. fig. dans le texte et planches hors texte coloriées, demi-

rel. dos et coins de mar. vert, dos orné à petits fers, tête dor.,
tr. blanches (*Allô*).

Exemplaire de premier tirage.

225. Grazzini. Les Nouvelles d'Antoine-François Grazzini, dit le
Lasca (trad. en françois, par Le Febvre de Villebrune). *Berlin*
(*Paris*), 1776, 2 tomes en 1 vol. in-8, demi-rel. chag. vert foncé,
tr. jasp.

226. Guillemin (Amédée). Le Monde physique. *Paris, Hachette
et Cie*, 1881-85, 5 vol. gr. in-8, nombr. fig. dans le texte et planches hors texte en noir et en couleurs, demi-rel. chag. rouge,
plats toile, fers spéciaux, tr. dor. (*Rel. de l'éditeur*).

227. Hamilton. Mémoires de Lady Hamilton, Ambassadrice d'Angleterre à la Cour de Naples, ou Choix d'Anecdotes curieuses sur
cette femme célèbre, tirées des relations anglaises les plus authentiques (trad. de l'Anglais par Picot, de Montpellier), orné de son
portrait peint par le célèbre Romney. *Paris, Dentu*, 1816, in-8,
demi-rel. mar. citron, dos orné de fleurs de lis, tr. peig. (*Racc.
au faux-titre*).

On y joint : Voyages de S. M. la Reine d'Angleterre, et du baron Per-
gami, son Chambellan, en Allemagne, en Italie, en Grèce, en Sicile, à
Constantinople, etc., etc., pendant les années 1814, 1815, 1816, 1817, 1818,
1819 et 1820, avec des anecdotes curieuses et piquantes, par Tarmini
Almerté. *Paris, Locard et Davi*, 1821, in-8, portr., demi-rel. dos et coins
de mar. vert, tr. dor. (*A. Bertrand*).

228. Heros (le) de l'industrie, ou l'Avanturier liégeois. *A Cologne,
chez Pierre Marteau*, 1737, 2 parties en 1 vol. pet. in-12, demi-
rel. dos et coins de mar. vert, tr. dor. (*Petit-Simier*).

Dans le même volume : Les Amans cloistrés, ou l'heureuse incons-
tance. *A Cologne*, 1698. — Le Moine sécularisé, augmenté de nouveau de
la Vie des Moines. *Suivant l'original. A Villefranche, chez le Grand, s. d.*

229. Histoire d'Eudoxie Féodorovna, première épouse de
Pierre le Grand, Empereur de Russie. *Leipzig, A.-L. Herold*,
1861, plaq. in-8, pap. vergé teinté, mar. La Vallière, dos orné à
petits fers, fil., dent. int., tr. dor. (*Loisellier*).

230. Histoire scandaleuse, politique, anecdotique et bigote, de
Charles X, 4e édition, suivie d'une Biographie des ex-Ministres,
et de leur jugement. *Paris, J. Le Doyen*, 1831, in-32, avec une
curieuse figure représentant la Signature des Ordonnances, demi-
rel. mar. bleu, tête dor., éb. (*Petit-Simier*).

231. Homère. Iliade et Odyssée, traduction nouvelle, accompagnée de notes, d'explications et de commentaires, par Eugène Bareste, illustrées par MM. A. Titeux, A. de Lemud et Théod. Devilly. *Paris, Lavigne*, 1842-43, 2 vol. in-8, demi-rel. dos et coins de mar. vert, dos ornés à petits fers, fil. sur les plats, tête dor., non rog. (*Smeers*).

> Exemplaire de premier tirage. — Raccommodage aux pages 24 et 202 au volume de l'Odyssée.

232. Horace. Œuvres de Horace, traduction nouvelle par Leconte de Lisle, avec le texte latin. *Paris, Alphonse Lemerre*, 1873, 2 vol. pet. in-12, front. gravé, pap. vergé, demi-rel. dos et coins de mar. rouge, dos ornés, têtes dor., non rog. (*Allô*).

233. Hugo (Victor). Notre-Dame de Paris. Edition illustrée d'après les dessins de MM. E. de Beaumont, L. Boulanger, Daubigny, T. Johannot, de Lemud, Meissonier, C. Roqueplan, de Rudder, Steinheil, gravés par les artistes les plus distingués. *Paris, Perrotin. — Garnier frères*, 1844, gr. in-8, demi-rel. dos et coins de mar. rouge, dos orné à petits fers et mosaïqué. tr. dor. (*Smeers*).

234. IMITATION DE JÉSUS-CHRIST (L'). (Traduction de Michel de Marillac). *Paris, L. Curmer*, 1856-1858, 2 vol. in-4, cuir de Russie ; sur les plats, fil. à froid formant encadrem., clous et fleur de lis à froid aux angles, monogramme M. L. sur le premier plat, doublé de soie rouge, gardes de soie rouge, tranches rouges semées de fleurs de lis d'or, fermoirs représentant des fleurs de lis, étui.

> Superbe édition ornée de nombreuses miniatures et encadrements de pages en couleurs.
> Le volume d'*Appendice* contenant : Notice de Jules Janin, sur l'Imitation de Jésus-Christ ; Auteurs présumés de l'Imitation par l'abbé Delaunay ; Histoire de l'Ornementation des manuscrits, par Ferdinand Denis, etc., etc. ; est en demi-rel. mar. noir, tr. rouges.

235. Janin (Jules). L'Ane mort. Edition illustrée par Tony Johannot. *Paris, Ernest Bourdin*, 1842, gr. in-8, demi-rel. dos et coins de mar. bleu, tr. peig.

> Ouvrage illustré d'environ 100 vignettes dans le texte, et 10 planches (sur 12) à part, gravées sur bois et tirées sur papier teinté chine, et d'un portrait de Jules Janin.
> Exemplaire auquel on a ajouté 3 pièces : le portrait de Jules Janin, dessiné et gravé par Paul Chenay (en double), et une figure.

236. Janin (Jules). Le Marquis de Sade. La vérité sur les deux procès criminels du Marquis de Sade, par le bibliophile Jacob. Le tout précédé de la bibliographie des œuvres du marquis de Sade. *Paris, chez les marchands de nouveautés*, 1834, in-16, portr., demi-rel. dos et coins de mar. rouge, tête dor., non rog. (*Petit-Simier*).

> Frontispice gravé par Biberstein, tiré sur Chine, ajouté.

237. Janin (Jules). Les Petits Bonheurs. Illustrations de Gavarni. *Paris, Morizot*, 1857, gr. in-8, demi-rel. dos et coins de mar. rouge, dos orné, fil. sur les plats, tête dor., non rog, (*Trioullier*).

> Exemplaire de premier tirage. — Un nom à l'encre sur le titre, raccommodage dans la marge du fond aux six derniers feuillets.

238. Kalyana Malla. Ananga-Ranga, traité Hindou de l'Amour conjugal, rédigé en Sanscrit par l'Archi-Poète Kalyana Malla (XVIe siècle). Traduit sur la première version Anglaise (*Cosmopoli*, 1885), par Isidore Liseux. *Paris, Liseux*, 1886, pet. in-8, pap. de Holl., titre r. et n., br., couv.

> Édition unique à 300 exemplaires numérotés (nº 44).

239. LACROIX (Paul). XVIIe siècle. Lettres, Sciences et Arts. — Institutions, Usages et Costumes. — XVIIIe siècle. Lettres, Sciences et Arts. — Institutions, Usages et Costumes. — Directoire, Consulat et Empire. *Paris, Firmin-Didot et Cie*, 1875-1884, 5 vol. in-4, planches hors texte en noir et en couleurs, demi-rel. dos et coins de chag. rouge, dos ornés, tête dor., non rog.

240. La Fayette (Mme de). La Princesse de Clèves, préface de H. Taine. Eaux-fortes de F. Masson, variantes et bibliographie. *Paris, A. Quantin*, 1878, pet. in-8, pap. vergé chamois, texte encadré de fil. r., demi-rel. dos et coins de mar. vert, dos orné, tête dor., non rog. (*Petit-Simier*).

241. La Fontaine. Fables ; précédées d'une notice sur sa vie et son œuvre par A. Morel, d'après Molière, Boileau, Madame de Sévigné, Fénelon, La Bruyère, Perrault, Mathieu Marais, d'Olivet, Voltaire, Vauvenargues, Diderot, Marmontel, La Harpe, Chamfort, Bernardin de Saint-Pierre, Walkenaer (*sic*), Joubert, MM. Sainte-Beuve, Saint-Marc, Girardin, Nisard, Taine, P.-J. Stahl. Illustrations par Eugène Lambert. *Paris, J. Hetzel et*

Cie, s. d. (1869), in-4, texte encadré d'un double filet noir, demi-rel. dos et coins de mar. rouge, tête dor., non rog.

Premier tirage des illustrations d'Eugène Lambert.
Exemplaire auquel on a ajouté 2 portraits par Émile Bayard ; l'un sur Chine collé, l'autre en couleurs.

242. La Fontaine. Les Amours de Psyché et de Cupidon. Adonis, et autres petits poèmes, par La Fontaine. *Paris, A. Nepreu (impr. de P. Didot l'aîné)*, 1820, 2 vol. in-18, fig., veau brun, dos ornés, tr. dor. *(Rel. de l'époque)*.

1 portrait gravé par H. Pauquet d'après Lebrun, et 5 figures d'après Desenne et Chaudet, en **2 états** avant et avec la lettre.

243. LAS CASES (Comte de). Mémorial de Sainte-Hélène, suivi de Napoléon dans l'exil, par MM. O'Méara et Antomarchi ; et de l'historique de la translation des restes mortels de l'Empereur Napoléon aux Invalides. *Paris, E. Bourdin*, 1842, 2 vol. gr. in-8, fig., demi-rel. dos et coins de chag. vert, dos ornés. tête dor., non rog. *(Capé)*.

Edition illustrée par Charlet de 500 vignettes dans le texte, de 29 grands sujets tirés à part, gravés sur bois et imprimés sur Chine, et de deux cartes.
Manquent les 29 grands sujets tirés à part et les 2 cartes.
On a ajouté :
1° 6 figures et 17 portraits :
2° Une lettre autographe (minute) de 4 pp. in-4, de Emm. de Las Cases, père, compagnon de Napoléon à Sainte-Hélène.
Très curieuse lettre toute relative à la rédaction du *Mémorial de Sainte-Hélène*. Il affirme l'avoir écrit avec un scrupule religieux, et que ce recueil est bien l'expression simple des dires de l'illustre captif. A cette pièce est jointe une lettre signée.

244. Laurent de l'Ardèche (P.-M.). Histoire de l'Empereur Napoléon, illustrée par Horace Vernet. *Paris. J.-J. Dubochet*, 1840, gr. in-8, front. et fig., demi-rel. chag. vert foncé, dos orné.

Exemplaire de la deuxième édition, augmentée de la Translation des cendres de Napoléon en France, des funérailles de l'Empereur et de 44 types militaires coloriés par Bellangé.

245. Lauzun (Duc de). Mémoires (1747-1783), publiés entièrement conformes au manuscrit, avec une étude sur la vie de l'auteur. Seconde édition sans suppressions et augmentée d'une préface et de notes nouvelles, par Louis Lacour. *Paris. Poulet-Malassis et de Broise*. 1858. in-12. demi-rel. dos et coins de mar. vert, tête dor.. non rog. *(A. Bertrand)*.

246. Légende de Sainte-Ursule (La), princesse britannique, et de ses onze mille vierges, d'après les tableaux de l'église Sainte-

Ursule à Cologne, reproduites en chromolithographie : publié par F. Kellerhoven, texte par J.-B. Dutron. Planches et texte inédits. *Paris, chez l'Auteur, s. d.*, in-4, br.

Publié à 100 francs.

247. **Légende** (La) et les aventures héroïques, joyeuses et glorieuses d'Ulenspiegel et de Lamme Goedzak au pays de Flandres et ailleurs par Ch. de Coster. Ouvrage illustré de trente-deux eaux-fortes inédites. Deuxième édition. *Paris, Librairie internationale : A. Lacroix. Verboeckhoven et Cie*, 1869, in-4, cart. toile rouge de l'édit., non rog.

32 eaux-fortes hors-texte, par Louis Artan, Léon Becker, Gustave Biot, Hippolyte Boulenger, P.-J. Clays, Auguste Danse, Charles de Groux, Adolf Dillens, Joseph Duwée, Th. Fourmois, Alfred Hubert, L. Jaugey, Paul Lauters, **Félicien Rops**, Henri Schaefels, Eugène Smits, E. de Schampheler, Camille Van Camp, Guillaume Van der Hecht, et Paul Van der Vin.
Epreuves sur papier teinté.

248. **Le Loyer** (P.). La Néphélococugie, ou la Nuée des Cocuz. Comédie, sans distinction d'actes ni de scènes, et entremêlée, à l'imitation d'Aristophane, de strophes, antistrophes, odes, épodes, etc., par Pierre Le Loyer, Seigneur de la Brosse ; précédée d'une notice biographique et bibliographique par M. G. B. *Turin, chez J. Gay et fils*, 1869, in-16, pap. de Holl., demi-rel. dos et coins de mar. bleu, tête dor., non rog.

Tiré à 100 exemplaires (n° 66).

249. **LE SAGE**. Histoire de Gil Blas de Santillane. Vignettes par Jean Gigoux. *Paris, Paulin*, 1835, gr. in-8, front., portr. et nombr. vignettes dans le texte, plein chag. rouge, dos orné à petits fers, dent. sur les plats et ornem. aux angles, tr. dor. *Boundby Hering*).

Exemplaire de premier tirage.
Très jolie reliure de l'époque.

250. **Liber** (J. V. F.). Les Pantagruéliques ; contes du pays rémois. Nouvelle édition revue et corrigée. *Turin, J. Gay et fils*, 1870, in-16, mar. orange, dos orné aux petits fers, fil. à la Du Seuil sur les plats, doublé de mar. vert, bande de mar. orange formant encadrement, fil. et dent. int., ornem. et fleuron aux angles, tête dor., non rog. (*Behrends*).

Tiré à 100 exemplaires (n° 43).
Exemplaire auquel on a ajouté un **dessin original**, 1 frontispice et 12 figures non signés.

251. Loriquet (le Père). Histoire de France à l'usage de la jeunesse, avec cartes géographiques, par A. M. D. G*** (Le Père Loriquet). Quatrième édition. *Lyon, Rusand*, 1818, 2 vol. in-16, cartes, demi-rel. dos et coins de mar. bleu, tête dor., tr. blanches (*Smeers*).

> Ouvrage célèbre du P. J.-L. Loriquet jésuite.

252. Louis (le) d'or politique et galant. *A Cologne, chez Pierre Marteau (Hollande)*, 1695, pet. in-12 de 84 pp., plein chag. olive. tr. dor.

> Roman ingénieux, écrit en prose.
> Exemplaire provenant de la Bibliothèque de Sam. Turner.

253. Lucain. Pharsale de M. A. Lucain, traduction nouvelle, par MM. Phil. Chasles, et J.-J. Courtaud-Divernéresse. *Paris, Panckoucke*, 1835-36, 2 vol. in-8, demi-rel. dos et coins de mar. rouge, dos à 5 nerfs, tête dor., non rog. (*A. Bertrand*).

> Exemplaire auquel on a ajouté :
> 1° La suite de 1 frontispice et 10 figures par Gravelot ;
> 2° La suite des 18 figures par Perrin, en **2 états**, eaux-fortes et avant la lettre.
> **Ensemble : 31 pièces.**

254. Lyre gaillarde (La), ou Nouveau recueil d'amusemens. *Aux Porcherons*, 1776. La Comtesse d'Olonne, comédie de Monsieur Bussi-Rabutin. *A Clignancourt*. 1775. Ensemble un vol. in-12, mar. rouge, dos et angles des plats ornés. dent. int.. doubles gardes. tr. dor. (*Petit. succ. de Simier*).

255. Marmontel. OEuvres posthumes de Marmontel. de l'Académie française ; ornées de gravures. *Paris. Verdière*. 1820, in-8, demi-rel. dos et coins de veau fauve. dos orné de fleurs de lys. fil.. tête dor.. non rogné.

> Contenant la *Neuvaine de Cythère*, et *Polymnie*.
> Orné de 1 portrait de Piccini et 2 belles figures par Bergeret.

256. Marot (Clément). Œuvres de Clément Marot, annotées, revues sur les éditions originales, et précédées de la Vie de Clément Marot par Charles d'Héricault. *Paris, Garnier frères*. 1867, in-8, portrait, demi-rel. dos et coins de mar. rouge, dos orné, tête dor., non rog. (*Smeers*).

> L'un des **150** exemplaires sur **papier de Hollande** (n° 43), avec le portrait sur Chine collé.

257. Marottes à vendre, ou Triboulet tabletier, dont la gibecière, après avoir été égarée pendant plusieurs siècles, nous est enfin heureusement parvenue, munie d'un rare assemblage de hochets, breloques, colifichets et babioles de toutes espèces, d'un travail peu commun, et possédants mille propriétés et vertus, non moins utiles et recherchées, que délectables et difficiles à trouver. *Au Parnasse burlesque, ex officina de la Banque du Bel Esprit à l'enseigne de la Facéciosité (Londres, impr. de Harding et Wright. 1812)*, pet. in-12, pap. vél., demi-rel. dos et coins de mar. La Vallière, dos orné à petits fers, fil. sur les plats, tête dor., non rog. (*Cuzin*).

> Volume rare.

258. **Masson de Blamont** (C.-F.-P.). Mémoires secrets sur la Russie, et particulièrement sur la fin du règne de Catherine II et le commencement de celui de Paul 1er, formant un tableau des mœurs de Saint-Pétersbourg à la fin du XVIIIe siècle. *Amsterdam (Paris)*. 1800-1803, 4 vol. in-8, avec 4 portraits, demi-rel. chag. rouge, dos ornés, tr. peig.

259. **Mélanges**. 10 vol. in-8 et in-12.

> Nouvelle traduction des Héroïdes d'Ovide. 1763. — Les Œuvres de Pradon. 1744. — Turlubleu. 1745. — Muret. Cérémonies funèbres. 1677.— Crébillon fils. Les Égarements du cœur. 1760.— Les Amours de Henri IV. 1695. — Marianne, ou la Nouvelle Paméla 1765. — Histoire des intrigues galantes de la reine Christine 1697. — La Jalousie trompée. 1704. — La Vie de Pierre Arétin. 1750.

260. **Mémoires** de Frédérique Sophie Wilhelmine de Prusse, margrave de Bareith, sœur de Frédéric-le-Grand; écrits de sa main. Troisième édition. *A Paris, chez F. Buisson et Delaunay*, 1811, 2 vol. in-8, demi-rel. mar. bleu, dos ornés à la Pasdeloup, fil. sur les plats, tr. jasp.

261. **Mémoires de la princesse Caroline** (la princesse de Galles) adressés à la princesse Charlotte, sa fille. Publiés par Th. Ashe, écuyer. Traduits de l'anglais sur la 4e édition (par Picot, de Montpellier). *Paris, J.-G. Dentu*, 1813, 2 tomes en 1 vol. in-8, demi-rel. mar. rouge, dos orné, tr. peig.

> Ornés d'un portrait de la princesse Caroline.

262. **Mercier** (Sébastien). Paris pendant la Révolution (1789-1798), ou le Nouveau Paris. Nouvelle édition, annotée, avec une introduction. *Paris, Poulet-Malassis*, 1862, 2 forts vol. in-12, demi-rel. dos et coins de mar. rouge, dos fleurdelisés, tête dor., non rog.

263. **Mérimée** (Prosper). **H. B.** (Henry Beyle), par un des Quarante (Prosper Mérimée). Avec un frontispice stupéfiant dessiné et

gravé par S. P. Q. R. (Rops). *Eleutheropolis (Bruxelles)*, 1864, in-18, pap. vergé de Holl., demi-rel. chag. bleu, dos orné, tête peig., non rog.

264. **Merle** (Jean-Toussaint). L'Espion Anglais, ou Correspondance entre deux milords, sur les mœurs publiques et privées de Français (par Jean-Toussaint Merle). *Paris, L. Collin*, 1809, 2 vol. in-8, demi-rel. mar. vert, dos ornés, tr. dor.

265. **Méry**. Les Vierges de Lesbos ; poème antique, Dessins par L. Hamon, photographiés par Bertsch et Arnaud. *Paris, Georges Bell*, 1858, in-4, texte encadré, demi-rel. dos et coins de mar. bleu, dos orné, tête dor., non rog.

> Tiré à 300 exemplaires.

266. **Mille et un jours** (Les). Contes persans, turcs et chinois, traduits par Petit de La Croix, Cardonne, Caylus, etc., augmentés de nouveaux contes traduits de l'arabe par M. Sainte-Croix Ajpot. Edition illustrée. *Paris. Pourrat frères, s. d.*, gr. in-8, demi-rel. mar. vert, dos orné, tête dor., non rog.

> Nombreuses vignettes dans le texte, gravées sur bois. la plupart signées : Jules Collignon.

267. **Mille et une Nuits** (Les). Contes arabes, traduits par Galland. Edition illustrée par les meilleurs artistes français et étrangers. Revue et corrigée sur l'édition princeps de 1704 ; augmentée d'une dissertation sur les Mille et une nuits par M. le Baron Silvestre de Sacy. *Paris, Ernest Bourdin, s. d.* (1840), 3 vol. gr. in-8, demi-rel. dos et coins de mar. rouge, têtes dor., non rog. (*Trioullier*).

> Environ 1000 gravures sur bois intercalées dans le texte et 20 pl. tirées à part.
> Première édition, rare en bonne condition.

268. **Milton**. Le Paradis perdu ; traduction de Chateaubriand. précédé de Réflexions sur la vie et les écrits de Milton par Lamartine. et enrichi de vingt-cinq magnifiques estampes originales gravées au burin sur acier. *Paris. Amable Rigaud et Furne*, 1855, gr. in-fol., demi-rel. mar. brun, dos orné. tr. rouges.

> 1 frontispice, 3 portraits et 23 estampes.

269. **Mirabeau** (Comte de). Contes et Nouvelles, imités des anciens. *Tours. Létourmi le jeune*, an IV. in-8. portr. de Mirabeau. gr. par Massard, ajouté, demi-rel. dos et coins de mar. rouge, dos orné, fil. sur les plats, tête dor.. tr. blanches.

270. Molière. Les Intrigues de Molière et celles de sa femme, ou la Fameuse Comédienne, histoire de la Guérin. Réimpression conforme à l'édition sans lieu ni date, suivie des variantes des autres éditions, avec préface et notes, par Ch.-L. Livet. *Paris, Liseux,* 1876, in-16, pap. de Holl., demi-rel. dos et coins de mar. vert, dos orné et mosaïqué, tête dor., non rog. (*Smeers*).

On y joint : La Vie de M. de Molière, par J.-L. le Gallois, sieur de Grimarest. Réimpression de l'édition originale (*Paris,* 1705) et des pièces annexes, avec une Notice, par A.-P.-Malassis, et une figure dess. et gr. à l'eau-forte par Ad. Lalauze. *Paris, Liseux,* 1877, in-16, pap. de Holl., demi-rel. dos et coins de mar. bleu. tête dor., non rog. (*Smeers*).

271. Monnier (A.). Eve et ses incarnations : sonnets et eaux-fortes par Antoine Monnier; avec préface par Tony Révillon et prologue par Prosper Blanchemain. *Paris. Léon Willem,* 1878, in-8. demi-rel. dos et coins de mar. violet, dos orné, fil. sur les plats et aux angles, tête dor., non rog. (*Petit-Simier*).

12 eaux-fortes, hors-texte.
Tiré à petit nombre. L'un des 250 exemplaires sur papier vélin (n° 203).
Toutes les planches de texte et de gravures ont été brisées.

272. Monnier (Henry). Les Bas-Fonds de la Société. *Paris (Impr. Jules Claye) s. d.,* gr. in-8, demi-rel., dos et coins de mar. rouge, dos orné. tête dor., non rog. (*Allô*).

Contient : Un Agonisant. — La Consultation. — L'Exécution. — L'Eglise française. — La Femme du Condamné. — A la belle étoile. — Une Nuit dans un bouge. — Petites misères cachées.
Exemplaire auquel on a ajouté 3 frontispices, dont 1 de Chauvet sur Chine volant.

273. Monnier (Henry). Scènes populaires dessinées à la plume par Henry Monnier. *Paris. E. Dentu.* 1864. in-12 de 637 pag., demi-rel. dos et coins de mar. bleu. dos orné et mosaïqué, tête dor., non rog. (*Smeers*).

Très nombreux dessins dans le texte.

274. Montaigne. Essais de Michel de Montaigne, avec des notes de tous les commentateurs. Edition revue sur les textes originaux. *Paris, Firmin Didot et Cie,* 1864. gr. in-8 à 2 col., portr., demi-rel. chag. rouge. dos orné. plats toile, tr. peig.

275. Montesquieu. Lettres Persanes. Edition Louis Lacour, imprimée par D. Jouaust. *Paris, Académie des Bibliophiles,* 1869. in-8. demi-rel. dos et coins de mar. vert, dos orné et mosaïqué. tête dor., non rog.

Tiré à 525 exemplaires (n° 64). — Exemplaire sur papier vergé.

276. Montesquieu. Œuvres complètes, avec des notes de Dupin, Crevier, Voltaire, Mably, Servan, La Harpe, etc., etc. *Paris, Firmin Didot et Cie*, 1866, gr. in-8 à 2 col., portr., par Hopwood, demi-rel. chag. rouge, dos orné, plats toile, tr. peig.

277. Morlière (Chevalier de la). Contes. Angola, avec une notice bio-bibliographique, par Octave Uzanne. *Paris, A. Quantin*, 1879, in-8, pap. de Holl. portr., en-tête et cul-de-lampe à l'eau-forte, demi-rel. mar. rouge, fil. sur le dos et les plats, tête dor. non rog. (*Trioullier*).

Exemplaire contenant la suite de 1 frontispice et 5 figures par Ch. Lepec.

278. Morlini (Jérôme). Contes et Nouvelles, traduits en français pour la première fois par M. W. *Naples, imprimé chez Pietro Fiorentini*, 1878, in-12, demi-rel. dos et coins de mar. bleu, dos orné, tête dor., non rog. (*Petit-Simier*).

Imprimé à 500 exemplaires sur papier de Hollande.

279. Muses en belle humeur (Les), ou Elite de poésies libres. *A Rome*, 1779, pet. in-12. mar. rouge, dent. int., tr. dor. (*Hardy*).

280. Muses gaillardes (Les), recueillies des plus beaux esprits de ce temps, par A. D. B. (Antoine du Brueil), parisien. Seconde édition, revue, corrigée et de beaucoup augmentée. *A Paris, de l'imprimerie d'Anthoine du Brueil*, 1609 (*Bruxelles, imprimerie de A. Mertens et fils*, 1864) ; pet. in-12, mar. vert d'eau, dos orné aux petits fers, comp. de fil. et fleuron aux angles des plats, dent. int., tr. dor. (*Smeers*).

Réimpression faite pour une société de Bibliophiles, à 106 exemplaires (n° 12).

281. Muséum Parisien. Histoire physiologique, pittoresque, philosophique et grotesque de toutes les bêtes curieuses de Paris et de la banlieue, pour faire suite à toutes les éditions des œuvres de M. de Buffon, texte par M. Louis Huart. *Paris, Beauger et Cie*, 1841, gr. in-8, fig., demi-rel. chag. rouge, dos orné (*Rel. de l'époque*).

351 vignettes par MM. Grandville, Gavarni, Daumier, Traviès, Lécurieux et Henri Monnier.

282. Nodier (Charles). Contes de Charles Nodier. Trilby. — Le Songe d'or. — Baptiste Montauban. — La Fée aux miettes. — La Combe de l'homme-mort. — Inès de Las Sierras. — Smarra. — La Neuvaine de la Chandeleur. — La Légende de la sœur Béatrix.

Eaux-fortes de Tony Johannot. *Paris, J. Hetzel*, 1846, gr. in-8, demi-rel. dos et coins de mar. orange, dos orné, tête dor., non rog. (*Allô*).

> Première édition, illustrée de 8 eaux-fortes de Tony Johannot, tirées sur Chine, avec le nom de l'artiste à la pointe.

283. **Norvins** (de). Histoire de Napoléon. Vignettes par Raffet. *Paris, Furne et Cie*, 1840, gr. in-8, demi-rel. chag. violet, dos orné, tr. peig.

> 1 frontispice gravé sur acier par Burdet, d'après Raffet ; très nombreuses vignettes dans le texte, et 80 grands sujets sur bois tirés à part.
> Exemplaire auquel on a ajouté :
> 1° une très curieuse caricature, en couleurs, de Napoléon Iᵉʳ ;
> 2° et la copie d'un extrait du « Pilote » du 15 juin 1823, intitulé : Traité secret du Congrès de Vérone (3 pp. manuscr.).

284. **Nougaret** (P.-J.-B.). Anecdotes secrètes du XVIIIᵉ siècle, rédigées avec soin d'après la Correspondance secrète, politique et littéraire, pour faire suite aux Mémoires de Bachaumont... par P. J. B. N. (Pierre-J.-B. Nougaret). *Paris, Léop. Collin*, 1808, 2 vol. in-8, cart. vél. blanc.

> Exemplaire provenant de la Bibliothèque du **citoyen Napoléon Bonaparte**, avec son cachet sur le faux-titre du tome II.

285. **Nouveau Cabinet** (Le) des Muses gaillardes. Réimprimé sur l'édition originale de 1665, sans nom de lieu ni d'éditeur, avec une notice bibliographique. *Genève, chez J. Gay et fils*, 1867, pet. in-12, pap. de Holl., mar. vert d'eau à long grain, dos orné, compart. de fil. et fleuron aux angles des plats, dent. int., tr. dor. (*Smeers*).

> Tiré à 102 exemplaires, pour une société de bibliophiles (n° 14).

286. **Olivier** (J.). Alphabet de l'imperfection et malice des femmes, reveu, corrigé, et augmenté d'un friand dessert et de plusieurs histoires pour les courtisans et partisans de la femme mondaine, par Jacques Olivier, licentié aux loix et en droict canon. Dédié à la plus mauvaise du monde. *A Paris, chez A. Barraud*, 1876, in-8, demi-rel. dos et coins de mar. bleu, dos orné, tête dor., non rog., couv. illust. par H. Somm (*Petit, succʳ de Simier*).

> Très nombreuses vignettes dans le texte, et 7 jolies figures hors texte, non signées (épreuves avant la lettre).
> Tiré à petit nombre. L'un des 300 exemplaires sur papier de Hollande (n° 17).

287. **OVIDE**. Les Métamorphoses d'Ovide, traduites en prose françoise et de nouveau soigneusement reveuës, corrigées en infinis

endroits et enrichies de figures à chacune fable. avec XV discours
contenans l'explication morale et historique ; de plus outre le
Jugement de Paris, augmentées de la Métamorphose des Abeilles,
traduite de Virgile, de quelques épistres d'Ovide et autres divers
traitez. *A Paris, chez la Veuve Langelier.* 1619, in-fol., titre
gravé et nombreuses figures gravées, dans le texte, veau fauve,
dos orné aux petits fers, dent et fil. sur les plats formant encadrem., fleurons aux angles, milieux dor., dent. int., tr. dor., étui
(*Claessens*).

> Traduction de Nic. Renouard.

288. **Palmerin d'Olive**. L'Histoire de Palmerin d'Olive, fils du
roy Florendos de Macedone, et la belle Griane, fille de Remicius
empereur de Constantinople. Discours plaisant et de singulière
récréation. continué par l'Histoire de Primaléon de Grèce. *A
Lyon, par Pierre Rigaud*, 1609. 1 tome en 2 vol. in-16 de viii f.
prélim.. 136 pp. et 10 ff. de table. veau fauve. dos ornés, fil..
dent. int., tr. dor. (*Petit-Simier*).

289. **Papillons** (Les). Métamorphoses terrestres des peuples de
l'air, par Amédée Varin. Texte par Eugène Nus et Antony Méray.
Paris. Gabriel de Gonet. s. d., 2 vol. gr. in-8. demi-rel. dos et
coins de mar. La Vallière foncé, dos ornés. fil. sur les plats et
aux angles, tête dor.. non rog. (*Vve Brany*).

> 1 portrait de Cazotte, 16 gravures sur acier, et 22 gravures sur bois, la
> plupart coloriées.

290. **Parnasse Satyrique** (Le) du XIXe siècle. Recueil de vers
piquants et gaillards. de MM. de Béranger. V. Hugo, E. Des-
champs, A. Barbier, A. de Musset, Barthélemy. Protat. G.
Nadaud, de Banville, Baudelaire, Monselet, etc., etc. *Rome
(Bruxelles). à l'enseigne des sept péchés capitaux. s. d.. 2 vol.*
— Le Nouveau Parnasse Satyrique du XIXe siècle, suivi d'un
Appendice au Parnasse Satyrique. *Eleutheropolis (Bruxelles)*,
1866, 1 vol. — Ens. 3 vol. in-12, avec 2 front. de Rops, tirés sur
Chine volant, demi-rel. dos et coins de mar. La Vallière, dos
ornés. tr. dor.

> On a ajouté : 1° Un portrait de Baudelaire. gravé à l'eau-forte par Brac-
> quemond. — 2° Une curieuse petite vignette d'après Rembrandt, 1631.

291. **Parny**. La Guerre des Dieux. *Paris, Debray*, 1808, in-18,
veau fauve, dos orné à petits fers. fil.. dent. int.. tr. dor. (*Trautz-
Bauzonnet*).

> Edition originale.
> Exemplaire auquel on a ajouté **un dessin à la gouache de Gi-
> rodet.**

292. Parny. Œuvres choisies de Parny, précédées d'une notice historique sur sa vie (par Alfred Fayot). *Paris, Roux-Dufort frères*, 1826, 2 vol. in-8, portr.-frontisp. gr., demi-rel. dos et coins de mar. rouge, dos ornés et mosaïqués, têtes dor., non rog. (*David*).

293. Pascal. Les Provinciales, ou Lettres écrites par Louis de Montalte à un provincial de ses amis et aux révérends pères jésuites, publiées sur la dernière édition revue par Pascal, avec les variantes des éditions précédentes ; et leur Réfutation consistant en introductions et nombreuses notes historiques, littéraires, philosophiques et théologiques, par M. l'abbé Maynard. *Paris, Firmin Didot frères*, 1851, 2 vol. in-8, demi-rel. chag. bleu, tête peig., non rog.

294. Pellico (Silvio). Mes Prisons, suivies du discours sur les devoirs des hommes, traduction de M. Antoine de Latour, avec des chapitres inédits, les additions de Maroncelli et des notices littéraires ou biographiques sur plusieurs prisonniers du Spielberg. Édition illustrée par Tony Johannot, de cent beaux dessins gravés sur bois par les premiers artistes. *Paris, Charpentier*, 1843, gr. in-8, demi-rel. dos et coins de chag. rouge, dos couvert des initiales S. P. en lettres d'or, fil. sur les plats, tr. peig.

> Exemplaire de premier tirage.

295. Pellico (Silvio). Mes Prisons, suivi des devoirs des hommes, traduction nouvelle, par le comte H. de Messey, revue par le vicomte Alban de Villeneuve, avec notice biographique et littéraire sur Silvio Pellico et ses ouvrages, par M. V. Philipon de la Madeleine. Édition illustrée d'après les dessins de MM. Gérard Séguin, d'Aubigny, Steinheil, etc., etc. *Paris, H.-L. Delloye*, 1846, gr. in-8, portr. et fig., demi-rel. dos et coins de mar. vert, dos orné à petits fers, fil. sur les plats, tête dor., non rog. (*Franz*).

> Racc. au titre sur la marge du bord.

296. Perles et Parures. Les Parures. Fantaisie par Gavarni. Texte par Méry. Histoire de la mode par le comte Fœlix. 1 vol. — Les Joyaux. Fantaisie par Gavarni. Texte par Méry. Minéralogie des Dames par le comte Fœlix. 1 vol. *Paris, G. de Gonet*. s. d. (1850). — Ens. 2 vol. gr. in-8, cart. de l'édit., fers spéciaux, tr. dor.

> 32 planches gravées sur acier par Geoffroy, d'après Gavarni, dont 16 au tome Ier (les *Parures*), y compris le frontispice qui n'est pas indiqué à la table, et 16 au tome second, en tête duquel se trouve le même frontispice qu'au tome Ier.

Épreuves sur papier vélin, légèrement coloriées, avec les marges découpées en dentelles, celles du tome I⁰ʳ collées sur fond rose.
Le tome II est en demi-rel. dos et coins de mar. rouge, tête dor., non rog. (*Trioullier*).

297. Petits Poëtes français, depuis Malherbe jusqu'à nos jours, avec les notices biographiques et littéraires sur chacun d'eux, par M. Prosper Poitevin. *Paris, Firmin Didot frères, fils et Cie*, 1870, 2 vol. gr. in-8 à 2 col., demi-rel. mar. bleu, dos ornés, têtes dor., non rog. (*Smeers*).

Racan. Segrais. Madame Deshoulières. Chaulieu. La Fare. Sénecé. Vergier. Houdard de Lamotte. Piron. Louis Racine. Lefranc de Pompignan. Gresset. Gentil Bernard. Lemierre. Le Cardinal de Bernis. Saint-Lambert. Marmontel. Le Brun. Malfilâtre. Colardeau. — Ducis. Dorat. La Harpe. Léonard. De Bonnard. Imbert. Gilbert. Bertin. Parny. Florian. M.-J. Chénier. Legouvé. Luce de Lancival. Millevoye. A. Chénier.

298. Piccolomini (Alessandro). La Raffaella. Dialogue de la gentille éducation des femmes, par Alessandro Piccolomini, Archevêque de Patras et Coadjuteur de Sienne (XVIᵉ siècle). Traduction nouvelle, texte Italien en regard, par Alcide Bonneau. *Paris, Liseux*, 1884, in-12, pap. de Holl., titre r. et n., br., couv.

Édition unique à 150 exemplaires numérotés (nᵒ 116).

299. Pichon (Ludovic). Le Roy des Ribauds, dissertations de Du Tillet, Claude Fauchet, de Miraumont, Estienne Pasquier, l'abbé Lebeuf, Bibliophile Jacob, etc., etc. Recueillies et collationnées sur les textes originaux. Préface et bibliographie, par Ludovic Pichon. *Paris, A. Claudin*, 1878, in-8 écu, demi-rel. dos et coins de mar. rouge, dos orné, tête dor., non rog. (*Trioullier*).

L'un des 360 exemplaires sur papier de Hollande (nᵒ 345).
On y joint : La Journée des Madrigaux, suivie de la Gazette de Tendre (avec la carte de Tendre) et du Carnaval des Précieuses, introductions et notes, par Émile Colombey. *Paris, A. Aubry*, 1856, pet. in-8, cart. de l'éditeur, non rog.
L'un des 330 sur papier vergé.

300. Pièces inédites sur les règnes de Louis XIV, Louis XV et Louis XVI, ouvrage dans lequel on trouve des Mémoires, des notices historiques et des lettres de Louis XIV, de Madame de Maintenon, des maréchaux de Villars, de Berwick et d'Asfeld, etc., et la Chronique scandaleuse de la cour de Philippe d'Orléans, régent de France, écrite par le duc de Richelieu, etc., etc. (publiées par J.-L. Soulavie). *A Paris, chez Léopold Collin*, 1809, 2 vol. in-8, cart. toile marron, non rog. (*Pierson*).

301. Pirault des Chaumes. Contes et Nouvelles, en vers, par M. P*** (Pirault des Chaumes). *Bruxelles, imprimerie de Philolalos*, 1829, in-16, demi-rel. dos et coins de mar. bleu, dos orné et mosaïqué, tête dor., tr. blanches (*Petit-Simier*).

302. **Pons** (de Verdun). Les Loisirs, ou Contes et poésies diverses, de M. Pons (de Verdun). Nouvelle édition. *Paris, imprimerie de Brasseur aîné*, 1807, in-8, demi-rel. veau bleu, dos orné, tête dor., non rog.

303. **Rabelais**. Les Songes drolatiques de Pantagruel, ouvrage posthume, avec l'explication en regard. *Paris, Dalibon*, 1823, in-8, fig., demi-rel. dos et coins de mar. rouge, dos orné à petits fers et mosaïqué, fil. sur les plats, tr. dor. (*A. Bertrand*).

> Volume orné de 120 figures grotesques avec les explications en regard. Exemplaire sur grand papier vélin.

304. **Raoul** (L.-V.). L'Anti-Hugo. *Bruxelles, Kiessling et Cie, s. d.*, in-8 raisin, demi-rel. dos et coins de mar. vert, tête dor., non rog.

305. **Reclus** (Elisée). Nouvelle Géographie universelle : la terre et les hommes. *Paris, Hachette et Cie*, 1875-1886 (Tomes I à XI), 11 vol. gr. in-8, avec de nombr. cartes et gravures, demi-rel. chag. rouge, fers spéciaux, tr. dor. (*Rel. de l'éditeur*).

306. **RECUEIL** de diverses pièces servans à l'histoire de Henry III, roy de France et de Pologne. *A Cologne, chez Pierre Du Marteau*, 1663, in-4, de 367 et 104 pag., mar. rouge, lettres H surmontées d'une couronne royale, et fleurs de lis dorées, ornant le dos et le milieu des plats, 3 fil. sur les plats, dent. int., tr. dor. (*Allô*).

> Edition rare.
> Contenant : I. Journal des choses mémorables advenues durant tout le regne de Henry III, roy de France et de Pologne (extrait des Mémoires de Pierre de l'Estoile par Servin, avocat général au Parlement de Paris). — II. Histoire des Amours du roy Henri IV, escrite par Louise de Lorraine, princesse de Conty. — III. Divorce satyrique, ou les Amours de la Reyne Marguerite de Valois (par Pierre-Victor Palma-Cayet). — IV. Discours merveilleux de la vie, actions et déportements de la Reyne Catherine de Médicis (par Henri Estienne). — V. Confession catholique du sieur de Sancy (par Agrippa d'Aubigné).

307. **REDOUTÉ** (P.-J.). Les Roses, par P.-J. Redouté, peintre de fleurs, avec le texte, par Cl. Ant. Thory. *Paris, Firmin Didot*, 1817-1824, 3 vol. gr. in-4, planches coloriées, demi-rel., dos et coins de chag. rouge, dos fleurdelisés, tr. dor.

308. **Relation véritable** du succez de la démission que la Reine de Suède fit de son quartier à Rome, le 30 avril 1687. *A Rome, chez Jaques le Sincère*, 1687. — Suite de la Relation de ce qui s'est passé à Rome, entre le Pape et la Reine de Suède. Ens. 1 vol. pet. in-8 de 13 et 8 pp., mar. orange, dos orné à petits fers, fil., dent. int., tr. dor. (*Closs*).

309. **Robinson** (Mistriss). Mémoires de Mistriss Robinson, célèbre artiste de Londres, écrits par elle-même. Traduit de l'anglais sur la dernière édition (par Madame Guériot de Saint-Martin). *A Paris, chez Ouvrier (de l'impr. d'Egron)*, an X-1802, in-8, portr., veau marb., dos orné, tr. jaunes (*Rel. anc.*).

> Contenant des détails curieux sur sa carrière dramatique et littéraire ; ses amours avec le prince de Galles ; son voyage en France, et ses relations avec le duc d'Orléans et plusieurs personnages célèbres.

310. **ROCHAS** (Albert de). Le Livre de Demain. *Blois, Raoul Marchand*, 1884, in-8, cart. dos et coins de toile violette, dos orné, non rog.

> Planches hors texte. — Publication devenue rare imprimée avec des encres et sur des papiers de diverses couleurs.
> Tiré à 250 exemplaires numérotés et paraphés (n° 176).

311. **Rousseau**. La Botanique de J.-J. Rousseau, ornée de soixante-cinq planches, imprimées en couleurs, d'après les peintures de P.-J. Redouté. *Paris, Baudouin frères*, 1821, in-4, demi-rel. dos et coins de mar. vert, dos orné. 2 fil. dor. sur les plats et aux angles. tête dor. (*Dewalines*).

> Manque la planche 38.

312. **Sabathier de Cabres**. Catherine II, sa Cour et la Russie en 1772. Deuxième édition. *Berlin. A. Asher et Cie*, 1869, in-8. mar. vert jans.. dent. int., tr. dor. (*Cottin-Simier*).

313. **Saint-Edme**. Amours et galanteries des rois de France ; mémoires historiques sur les concubines. maitresses et favorites de ces princes, depuis le commencement de la monarchie jusqu'au règne de Charles X : par Saint-Edme. *Paris, Amable Costes*, 1830, 2 vol. in-8, demi-rel. veau f., tr. marb.

314. **Saint-Just**. Organt, poème en vingt chants. *Au Vatican*, 1789-1867, 2 tomes en 1 vol. in-32, portr., demi-rel. dos et coins de mar. rouge, dos orné, tête dor., non rog. (*Smeers*).

> Tiré à 261 exemplaires numérotés (n° 216).
> L'un des 230 sur papier fin de Hollande.

315. **SAINT-PIERRE** (Jacques-Henri-Bernardin de). **Paul et Virginie** et la Chaumière indienne. *Paris. L. Curmer. 49, rue Richelieu*. 1838. gr. in-8, mar. rouge, dos orné aux petits fers, fil. à la Du Seuil. dent. int., tr. dor., étui (*David*).

> Ouvrage illustré :
> 1° D'environ 450 vignettes sur bois, intercalées dans le texte ; dessinées et gravées par des artistes français et anglais : Meissonier, à lui seul, en a dessiné environ 130 :

2° de 29 planches gravées sur bois, avant la lettre, par les mêmes artistes, tirées à part sur papier de Chine collé ; d'une carte coloriée ;

3° et de 7 portraits, — également avant la lettre, sauf le portrait de Bernardin de Saint-Pierre —, dessinés par Laffitte, Tony Johannot et Meissonier, gravés sur acier par Cousin, Pelée, Pigeot et Revel, et tirés aussi sur Chine collé.

Exemplaire avec la vignette de la page 418 (le portrait de Mᵐᵉ Curmer)

346. **Saintine** (X.-B.). Picciola. Edition illustrée de Cent vingt-cinq vignettes gravées sur bois, par Porret, graveur de l'Imprimerie Royale, d'après les dessins de Mᵐᵉ L. Huet, et de MM. Tony Johannot, C. Nanteuil, Français, J. Gagniet. *Paris, Marchant*, 1843, gr. in-8, demi-rel. mar. La Vallière foncé, dos orné à petits fers, tr. jasp. (*Raparlier*).

Exemplaire de premier tirage, auquel on a ajouté : la suite des 10 jolies eaux-fortes de Léopold Flameng.

347. **Scherer** (H.). Histoire du Commerce de toutes les nations, depuis les temps anciens jusqu'à nos jours, traduit de l'allemand, par MM. Henri Richelot, Charles Vogel, avec des notes par les traducteurs, et une préface par H. Richelot. *Paris, Capelle*, 1857, 2 vol. in-8, demi-rel. mar. bleu, tête dor., non rog. (*A. Bertrand*).

348. **Schiller**. Œuvres. Traduction nouvelle par Ad. Regnier, Membre de l'Institut. *Paris, Hachette et Cie*, 1869-1873, 4 vol. in-8, demi-rel. dos et coins de mar. rouge, dos ornés et mosaïqués, têtes dor., non rog. (*Smeers*).

Théâtre : 3 vol. Poésie ; 1 vol. — Portrait de Schiller, par Fath, gravé par Delannoy.
Exemplaire auquel on a ajouté 6 figures allemandes.

349. **S'ensuivent les blasons anatomiques** du corps féminin, ensemble les contre-blasons, de nouveau composez et additionnez, avec les figures, le tout mis par ordre, composez par plusieurs poetes contemporains : avec la table desdietz blasons et contre-blasons imprimez en ceste année. *Pour Charles L'Angelier, à Paris, 1550 (Amsterdam, Bruxelles, 1866)*, petit in-12, demi-rel. dos et coins de mar. vert, tête dor., non rog. (*Allô*).

Tiré à 104 exemplaires (n° 68).

320. **Spiess**. Le Marchand de Souricières et d'Affinoirs, histoire très-extraordinaire et cependant très-naturelle, traduit de l'allemand de M. Spiess, par M. l'abbé Kentzinger. *Vienne*, 1796. — Les Gnomes, ou les esprits des montagnes, histoire véritable, traduit de l'allemand de M. Spiess, par M. l'abbé Kentzinger.

Vienne, 1796. Ens. 2 ouvrages en 1 vol. pet. in-8, demi-rel. chag. La Vallière, dos orné, non rogné.

321. STENDHAL. Le Rouge et le Noir, par M. de Stendhal (Henri Beyle). Réimpression textuelle de l'édition originale. Illustrée de 80 eaux-fortes, par H. Dubouchet. Préface de Léon Chapron. *Paris, Librairie L. Conquet*, 1884, 3 vol. in-8, br., couv.

> Tirage unique à 500 exemplaires. L'un des 350 sur vélin à la cuve (n° 408). On y a joint le prospectus de l'ouvrage.

322. Straparole. Les Facétieuses Nuits du seigneur J.-F. Straparole, traduites par J. Louveau et P. de Larivey, publiées avec une préface et des notes, par G. Brunet. Quatorze dessins de J. Garnier, gravés à l'eau-forte par Champollion. *Paris, Librairie des Bibliophiles*, 1882, 4 vol. in-16, demi-rel. dos et coins de mar. vert, dos ornés et mosaïqués, tête dor., non rog., couv. (*Trioullier*).

323. Swift. Opuscules humoristiques de Swift, traduits pour la première fois, par Léon de Wailly. *Paris, Poulet-Malassis et de Broise*, 1859, in-12, demi-rel. dos et coins de mar. bleu, dos orné, tr. dor. (*Smeers*).

> On y joint : L'Art de voler ses Maîtres, conseils aux domestiques des deux sexes, par le D' J. Swift, traduit de l'anglais par O. Squarr. précédé d'une introduction sur la vie et les ouvrages de l'auteur. *Bruxelles*, 1854. —Dans le même volume ; H. de Balzac. Code des gens honnêtes. *Paris*, 1855. Ens. 1 vol. in-16, demi-rel., mar. bleu, tr. dor. (*A. Bertrand*).

324. Tamenaga Shounsoui. Les Fidèles Ronins, roman historique japonais, traduit sur la version anglaise de MM. Schiouichiro Saito et Edward Grécy, par B. H. Gausseron, illustré par Kei-Sai Yei-Sen, de Yedo. *Paris, A. Quantin*, 1882, in-8 carré, pap. vergé, demi-rel. dos et coins de mar. bleu, tête dor., non rog., couv. (*Trioullier*).

325. Tennyson (Alfred). Les Idylles du Roi. Enide. — Viviane.— Elaine. — Genièvre. Poëmes traduits de l'anglais par Francisque-Michel : avec trente-six gravures sur acier d'après les dessins de Gustave Doré. *Paris, Librairie de L. Hachette et Cie*, 1860, in-folio, cart. toile rouge de l'édit.

> Exemplaire de premier tirage.

326. Théophile. Le Parnasse Satyrique du sieur Théophile, avec le recueil des plus excellens vers satyriques de ce temps. Nouvelle édition complète, revue et corrigée, avec glossaire, notices biographiques, etc. *Gand. Duquesne ; et Paris, Claudin*, 1861,

2 vol. in-12, mar. rouge, dos ornés aux petits fers, fil. sur les
plats, dent. int., tr. dor. (*Smeers*).

Tiré à très petit nombre. — Exemplaire sur l'eau de Vélin.

327. **Théophile.** La Tragédie de Pasiphaé, par le Sʳ Théophile ;
précédée d'une notice sur le sujet de la pièce et suivie d'un
appendice contenant plusieurs poésies du même auteur. *Paris,
chez Jules Gay*, 1862, pet. in-12, pap. vergé, demi-rel. dos et
coins de mar. citron, tête dor., non rog., couv.

Tiré à 117 exemplaires (nº 58).

328. **Vasselier.** Poésies et Contes de Vasselier, membre de l'Académie de Lyon. *Paris et Londres*, 1800, 2 vol. in-8, portr.,
veau marb., dos ornés, fil., tr. dor. (*Courteval*).

329. **Vatsyayana** (Les Kama Sutra de). Manuel d'Erotologie
Hindoue, rédigé en Sanscrit, vers le cinquième siècle de l'ère
chrétienne. Traduit sur la première version anglaise (Bénarès,
1883), par Isidore Liseux. *Paris, Liseux*, 1885, in-8, pap. de
Holl., titre r. et n., br., couv.

Édition privée imprimée à 220 exemplaires (nº 74) pour Isidore Liseux
et ses amis.

330. **Vie des Saints** (La), illustrée en chromolithographie, d'après
les anciens manuscrits de tous les siècles, publiée par F. Kellerhoven, texte par M. Henry de Riancey. Planches et texte inédits.
Paris, chez F. Kellerhoven, s. d., in-4, texte encadré, texte et
planches montés sur onglets, demi-rel. dos et coins de mar.
brun, tête dor., non rog.

50 figures en couleurs hors texte. — Publié à 150 francs.

331. **Vierges de Raphaël** (Les) gravées par les premiers artistes
français. *Paris, Furne, Jouret et Cie, s. d.*, 12 estampes, avec
explication en regard, montées sur onglets en un vol. gr. in-fol.,
demi-rel. veau bleu, dos orné, tête peign.

332. **Villebois.** Mémoires secrets pour servir à l'Histoire de la
Cour de Russie, sous les règnes de Pierre-le-Grand et de Cathe-
rine Iʳᵉ, rédigés et publiés, pour la première fois, d'après les
Manuscrits originaux du sieur de Villebois, chef d'Escadre et
Aide-de-Camp de S. M. le Czar Pierre Iᵉʳ, par Théophile Hallez.
Paris, Dentu, 1853, in-8, mar. La Vallière foncé, dent. int., tr.
dor. (*Allô*).

333. **Voltaire**. La Henriade de Voltaire, ornée de dessins lithographiques. *A Paris, chez E. Dubois*, 1825, in-fol., cart. dos de veau rouge, dos orné.

> 1 frontispice et 86 dessins et portraits par Horace Vernet, Mauzaisse et Girardet.

334. **Voyage où il vous plaira** ; par Tony Johannot, Alfred de Musset et P.-J. Stahl. *Paris, J. Hetzel*, 1843, in-4, demi-rel. dos et coins de mar. vert, dos orné, fil. sur les plats et aux angles, tête dor., non rog. ((*Allô*).

> Première édition, ornée de vignettes sur bois gravées par Brugnot, Dujardin, Andrew Best et Leloir, etc., dont 63 sont tirées à part.

335. **Wieland**. Socrate en délire, ou Dialogues de Diogène de Synope, traduits de l'allemand de M. Wieland, par B. de M. (le comte Fr. Barbé de Marbois). *Dresde, G.-C. Walther*, 1772, in-12, veau porphyre, dos orné, fil., tr. marb. (*Rel. anc.*).

336. **Wright** (Thomas). Histoire de la Caricature et du grotesque dans la littérature et dans l'art, traduite avec l'approbation de l'auteur, par Octave Sachot, éditée par Amédée Pichot, et illustrée de 238 gravures intercalées dans le texte, dessinées et gravées par F.-W. Fairholt. *Paris*, 1867, gr. in-8, demi-rel. mar. vert clair, dos fleurdelisé, tr. peig.

337. **Zola** (Emile). L'Assommoir. *Paris, C. Marpon et E. Flammarion, s. d.* (1878) in-4, demi-rel. dos et coins de mar. bleu, dos orné, tête dor., non rog., couv. ill.

> Ouvrage illustré de 62 grandes compositions formant page, gravées sur bois, d'après les dessins d'André Gill, Clairin, Feyen-Perrin, Vierge et autres.
> L'un des **130** exemplaires tirés sur **papier de Hollande** (n° 116), avec les gravures avant la lettre, sur Chine.

338. **Zola** (Emile). Nana. Edition illustrée par André Gill, Bertall, G. Bellanger, Bigot, Clairin, etc. *Paris, G. Marpon et E. Flammarion*, 1882, in-4, demi-rel. dos et coins de mar. rouge, dos orné, tête dor., non rog., couv. illust.

> L'un des **100** exemplaires tirés sur **papier de Hollande** (n° 82) contenant une suite des figures, avant la lettre, sur Chine, plus une gravure sur Chine avant la lettre, signée Bertall (qui ne se trouve pas dans le texte, représentant Nana sur un canapé et fumant.

www.ingramcontent.com/pod-product-compliance
Ingram Content Group UK Ltd.
Pitfield, Milton Keynes, MK11 3LW, UK
UKHW031830170726
13836UKWH00004B/1598